細田雅春

棘《とげ》のない薔薇《ばら》

Roses with no thorn

辺境から建築を問う

日刊建設通信新聞社

棘のない薔薇

Roses with no thorn

辺境から建築を問う

*Roses
with
no thorn*

細田雅春

棘《とげ》のない薔薇《ばら》

辺境から
建築を
問う

日刊建設通信新聞社

建築は社会の鏡、時代を映す記憶である

毎日慌ただしい日々を送っていると、身の回りに生起する事柄にこだわってもいられない。だんだん肉体だけでなく、精神までもがおかしくなるように思われるが、そのストレスがなくなってしまうと肉体の存在も消滅するのではないかという不安に駆られるときがある。あたかも自分が精神医学でいうところの精神病質(サイコパス)であるかのように思うときもある。

しかしながら、人間は誰でもストレスなしには生きてはいけないことが分かっている。ストレスを抱えながら生きるということが、程度の違いはあれども必要なのではないか。自分でも、適度なストレスと共存しながら生きるということは、本来人間に課せられた宿命なのだと思って、むしろストレスがあることを生き甲斐のようにとらえようとしている節がある。

ストレス(stress)とは、手元の辞書によると「精神緊張・心労・苦痛・寒冷・感染などごく普通にみられる刺激(ストレッサー)が原因で引き起こされる生体機能の変化。一般には、精神的・肉体的に負担となる刺激や状況をいう」とある。さらには「強弱アクセントで、強めの部分。強勢」ともある。要は適度な刺激ということであるが、アクセントや強勢の意味にとれば、私にとってはどうやら、このストレスこそが生きてきた根拠のような存在であるらしい。

しかもこのストレスは、思考する世界では明らかに狂気の変形である。狂気には、サディスト的なものと、マゾヒスト的なものがあるが、サディスト的なそれは、自己の思いを現実の世界において実現を図ろうとする。そこに狂気を生み出す「怒りの構造」があると考えている。

私は建築家として長年建築の設計や都市計画に携わってきた。そうした仕事がどのような過程で進んでいくのか、なかなか想像しにくい読者もいらっしゃるだろうが、建築や都市は多くの人がかかわり、多くの知恵が集まってできあがる存在である。過去のアイデアや現在のそれも含めて成り立つものである。そして、そうした設計を行うときには、チームとして進めていく必要がある。私もそのなかの一人であるにすぎない。

だから、必ずしも私の思うようにプロジェクトを進めることができるわけではないのである。クライアントとの打ち合わせやさまざまな協力者とアイデアをぶつけあうなかで、私の全ての意見、考えが通ることなどないに等しい。そもそも、その過程にすらかかわることができない場合も少なくない。もちろん、細部にわたる決定の隅々にまで自らの意思が反映されることも少ない。設計活動に長い間携わってきたが、それが思いどおりにいくことなどほとんどなかった。

しかしながら、それが必ずしもまずいことになったわけではない。ただ私が思い描いていた方向にはいかなかったというだけである。むしろ、私の思いと違った方向に動いたことが、結果的にはクライアントも喜び、社会的評価も高くなるといった場合も少なくなかった。

つまり、建築の設計とはそうしたものなのである。建築のとらえ方やアプローチは当然、設計者によって異なるのだから、どれだけ私自身の考えがチーム全体に浸透し、理解が行きわたることを考えながら進めたとしても、それがいつもうまくいくというわけではない。一人の画家が絵を描くこと、すなわち自らの思いのままに絵筆をふるうこととは基本的に異なるのである。

とはいえ、どこかで私は自分一人の考えで建築をつくりたいという気持ちも持っている。それだからであろうか、設計の仕事のなかの多くの場面で感じる、やりきれない気持ちや、いまの社会の矛盾に対する憤り、さらには、さまざまな現行の制度的制約のなかで設計を行うもどかしさなど、気持ちをぶつけるべき行き先が見当たらないときに、その気持ちを文章にし、新聞、雑誌などを通じて多くの人に伝えてみたいとの思いから文章を書くのである。

読み返してみると、社会や政治、制度に内在する不条理に対し、ときには希望や期待を抱いているようなものもあるが、基本的には怒りや疑念が執筆の原動力であることを改めて感じる。その原動力があるからこそ、何かの目標もできて、その目標を覆す努力をしようと決意するのであろう。

その対象は、単に都市や建築に向けたものだけではない。むしろその対象は世界へ広がり、世界政治や経済の矛盾に向けたものである場合もある。さらに、グローバル社会におけるデジタル・ネット空間でのさまざまな問題など、気になることは枚挙にいとまがない。

そして、その関心は日本にも向かうが、その対象もやはり社会全般にわたることになる。日常的に起こる身近な環境問題やエネルギー問題はもとより、仲間内というか、建築家、とりわけ設計事務所という設計業界の諸氏に対する怒りもある。例えば、建築というきわめて社会的影響力のある仕事に対し、公共的精神の欠如や、経済的な価値観でしか建築という仕事をとらえていないとしか思えない行動や結果に対しての怒りも強い。

むろん、そうした怒りに常に取り巻かれているとしても、それを持続的に発信し続けることはなかなかに難しい。それゆえ、ときには楽しい食事や音楽の話、文学の関心などの横道にそれているものもある。気分転換を図るという気持ちで書いているが、私自らへの気分転換というより、むしろ怒りに付きあわされ続けている読者への気づかいといってもよいかもしれない。

都市や建築は、社会の反映であるといわれている。社会・経済の動向が直接間接に都市や建築のさまざまなところに現れるからである。だから当然、都市や建築の問題に携わる者は社会・経済の状況をつぶさに見届けて、その問題に自己の意見をぶつけて生まれたアイデアを、一つの具体的な提案として都市や建築に反映させることが必要であろう。それがアイデアを建築化するということの根源であり、義務のようなものだと思う。

社会・経済の問題を見届けるということは、その時代の価値観をどのように理解し、とらえ、どのようにして現在や将来にそれをつないでいくのか、そして価値観をいかに自己に対峙《たいじ》させ、さまざまなせめぎあいのなかから確実なものをとり出していくのか、ということなのである。

この時代の価値観とは、近代社会が到達した、経済の成長が生み出してきた社会構造に拠《よ》って立つものであった。物を中心とした工業社会であり、物的充足の豊かさが人間の幸せを生み出す原点であるという価値観であった。

それはある意味では経済至上主義であり、その頂点をなしたのは20世紀でもっとも影響力のあったアメリカの経済学者ミルトン・フリードマンの主張する新自由主義であったが、そうした自由市場経済の破綻《はたん》が世界経済を混乱のきわみに追いやり、後のリーマン・ショックを引き起こす遠因となったことは記憶にも新しい。

そうしたさまざまな痛手を負いながらも、限りなく成長、進化、進歩を続けていく社会を志向する価値観は覚めやらぬままであった。しかしながら、現在に至って、ややそうした状況が変わってきたように感じられる。自らの環境をどのように守るかという課題を、自然との共生を軸にとらえ直し、持続可能な社会を目指すことが大切だと思うようになってきたのである。

限りある資源を大切にして、経済的な成長よりも人間としての豊かさ、幸福感とは何かを考える時代になってきたのである。資本主義社会の構造が揺らぎ始めたといえるのかもしれないが、そうしたイデオロギーでは解決しない現実も突きつけられながら、ストラグル（格闘）しているのが現在の状況である。

民主主義も同じような問題を含んでいる。依然として世界中で主義主張の違いによる国家間の紛争や民族間の抗争、あるいは経済格差や資源問題、移民問題などの諸問題が噴出している。根深い混乱や矛盾を抱え込みながら、抜け出す先が見えないまま、世界が漂っているのが現在の状況である。

デジタル・ネット社会は、フランスの思想家であり都市計画家でもあるポール・ヴィリリオがいうところの「速度という武器」によって一見過去の社会状況との決別を図ったかにみえたが、現実には、より一層の複雑さと混迷の深さを生み出すことになった。逆説的に、人間の豊かさとは程遠い現実を示すことになっただけである。

彼の論評などにもあるとおり、近代社会が示してきた工業社会、経済至上主義が生み出した素材などが合理的建築やプレーンでフラットな空間づくりにも大きな影響を与えてきたのである。近代建築の祖ともいわれるアドルフ・ロースの「装飾は罪である」の言を待つまでもなく、社会の感性もプレーンな表現を後押ししてきたのである。

現在という窓から覗《のぞ》けば、近代社会の価値観の変容はあきらかである。その内実は実に多様で、矛盾に満ちたものである。そのような状況下にあって、都市や建築の捉え方も先の見えない嵐の大海のなかに投げ出されたような状態にあることは誰しも共通の認識であろう。

特に日本にとっては、２０１１年3月11日の出来事を忘れることはできない。東日本大震災の予想を超えた被害である。2万人以上にものぼる死者・行方不明者を出した大災害は、地域社会の崩壊をさまざまな場所で引き起こし、その後、「絆」という言葉が多く語られるようになった。「みんなの家」づくりも、その象徴であろう。

一方、世界を震撼させた福島第一原発の事故は、その広範囲にわたる放射性物質の拡散という影響により、土地を離れた多くの避難者を生み出したばかりか、かつて原子力を前提としていた日本のエネルギー政策に至るまで、多くの問題を白日の下にさらした。それらはいまだ解決に至っていないという重苦しい現実が残されている。

その後、われわれが体験した事実によって引き起こされた日本の価値観の変質は、現在に至るまでわれわれの社会や精神に大きな影響を与えることになった。

すなわち、近代社会における価値観は大きなトレンドに示されるものであったが、現在はそれとはあきらかに異なるものであることだけを共有しつつ、具体的なアイデアの実現に向けては社会状況にあわせて千差万別なやり方で進められるということだ。どこに現実のリアリティを求めるのか。その答えは一様ではないということなのだ。

私自身もその渦中にあることは間違いないが、そうした渦中にあること自体や、自らのなかの矛盾や齟齬《そご》、葛藤に対し、また、そうしたことを感じる自分に対するもどかしさに怒りがこみ上げてくる。すなわち、怒りとは他者に向けられたものであると同時に、自己の内省的矛盾、苛立ちへ向かうものであるともいえる。そして、怒りはそのどちらに向けられたものであっても、自らの内省的エネルギーを掻き立てる大きな力になっていることはたしかである。

なぜ、私が文章を書き続けているのか。それはきわめて単純明快である。文章を書くということと、都市や建築にかかわるということとは、私にとっては同義だからである。建築では実現できない不十分な部分を文章で補完しているからである。書くことによって、建築の不明瞭な部分や体系化できていないところを整理できる。

建築は多くの思考やアイデアだけでなく、私のこだわりや嗜好なども多重化されることで、きわめて多様な要素が複層的に重なりあっていて、それを詳《つまび》らかに読み解くことは容易なことではない。そこに文章の可能性が役に立つ。文章を書くことによって、建築を生み出すためのヒントを得ることもできる。

それが私のノウハウでもある。自分の書く文章から、ばらばらに積み上げられたアイデアを体系的に整理する世界へ導くことができることもあれば、建築家としての使命感を奮起させられることもある。私にとって文章を書くという行為は、建築の設計行為と照応するような類似的要素がきわめて多いということなのであろう。

どちらの世界にも起承転結が基本的にはある。例えば、文章を書く場合、「起」の部分が大筋で決まれば、おおよその全体像が見えてくる場合が少なくない。「結」に至るまでのプロセスには、さまざまなアイデアの集積を繰り返しリファインさせて到達する。建築の場合でも、最初のアイデアが最後まで響いて、全体の構成にまでしっかりとかかわってくる場合も少なくないのだ。

むろん、最初のアイデアが全否定されることも少なくはないが、経験的には、意外と初めに浮かんだインスピレーションで最後までうまくいく場合もあるように思っている。自らの経験やこれまでに集積してきた知識をもとにして、瞬時に全体像を直感的にとらえることができる場合もあるからである。

本文でも取り上げたイスラエルの歴史学者ユヴァル・ノア・ハラリの説に従うと、人類が獲得した特異な能力、すなわち抽象概念を駆使していつでも可変可能な世界を構築し、虚構を具体化させる力こそが、人類に大いなる可能性を開いたのだという。

文章を書く場合は、茫漠とした概念を少しずつ整理、すなわちリファインさせて言葉を紡ぎだしていくのであるが、建築の場合は、そうした言葉に補強されてイメージをより一層具体化させていくのである。

このような問題意識を持って私は建築を設計している。すでに述べたように、私にとっては建築の設計と文章を書くということはきわめて類似的で、それぞれが相互に緊密に補完しあうという関係にある。その両者が強く作用しあって、それぞれが鮮明さを増すように思われる。何よりも、私にとって文章を書くことの最大の意義は、文章が喚起する力強い想像力である。茫漠とした問題をイメージとして強く脳裏に焼きつけることである。

そこに私は、自分自身の未知の新たな可能性を見いだすことができると信じている。怒りに始まった思いが、文章として整理されることで、自分自身にとっての新たな発見を促すというプロセスが起こる。その発見こそが私の希望であり、文章へ立ち向かう原動力なのであると考えている。

私は若いころから、明治期の物理学者で随筆家である寺田寅彦の姿勢に関心を持っていた。その理由は、彼が科学者でありながら、随筆などに文学的才能を発揮したという点である。彼の随筆には科学者として冷静かつ客観的に現象を見つめる姿勢のなかに、言葉が織りなす豊饒《ほうじょう》な感覚的世界が息づいている。

そうした二つの姿勢は、あたかも建築的思考と類似している。建築は単に芸術的なだけの仕事ではないということである。多くの人に使われるための社会的意味と機能性をあわせ持つものだからである。いいかえれば、建築とは、科学と芸術の融合の所産なのである。

そして、建築的なものの見方の源泉は、科学的正確さと芸術的感性の直感の冴えが、多くの可能性を引き出すことを示唆しているからだ。そのため、私の文章は寺田の影響を大きく受けていると思っている。

「疑うがゆえに知り、知るがゆえに疑う」。私は常に、寺田の随筆「知と疑い」のなかに出てくるこの一文を肝に銘じて、ものを書いている。この言葉は、自らのなかに同居する知性と感覚を通じて見えてくるであろう「発見」と「知る」ことの意味を的確にとらえていると思うからである。そのうえで、私は「疑う」を「怒る」に読み替えながら書いている。


本書は、日々の社会的現象と建築との関係を手がかりに、本業である日常の建築の設計活動のなかで、それこそ設計上で覚えた怒りや疑念、不満について、自己の能力不足や怠慢を棚に上げて、いい連ねてきた一連の文章をまとめたものである。

ある意味では私自身にとっての時代の変化に寄り添った日記のようなもので、汗顔の至りであるが、読者の皆さんにとっても、時代の推移、そして社会の変化と都市や建築の状況との関係の記録として検証いただけるのではないかと考えている。


建築は、過去の社会や時代の立会人であり、未来への期待となる存在である。

目次

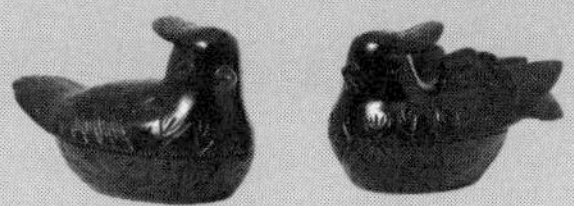

II 都市・建築への眼差し 86

＊本書は、筆者が２０１４年5月29日から17年9月19日まで建設通信新聞の「建設論評」に連載した記事を加筆訂正してまとめたものです。

＊本文中の写真は、著者が海外各地で入手したオブジェです。

I

多様性と調和を求めて

現実を必要としない現実

2014年
5月29日

現代社会の特徴を一言でいうと「プロセスが見えない社会」である。見えないことによって成り立っている社会である。IT化はむろん、金融取引から素材や食品、社会生活の基盤に至るまで、私たちの身のまわりの環境すべてが、何らかの「結果の組み合わせ」によって成り立っているからだ。いうなれば、キット(組み立て)によって出来上がっているブラック・ボックスのような製品や制度・仕組みを、現実のものとして受け入れることが常態化している社会に生きている。そのことに改めて注視する必要がある。

さて、東日本大震災の被災地へのボランティア活動に若者たちが率先して参加する姿に、筆者も感動的な関心を持って見守っていたのだが、その若者たちの日常の行動はまったく逆の世界だということを最近知って驚かされた。熱心に活動するある若者が、家のことは何一つしないし、近隣のコミュニティ活動にも無関心なのだという。そのギャップをどのように理解したらいいのか。ゲームやスマートフォンに明け暮れている日常とのギャップは何を意味しているのだろうか。

衣食住でいえば、衣はファブリック、すなわち布、織物である。その布がどのような技術を駆使してできているのか、そして原材料はどのようなもので、どこで産出しているのか、まったくといっていいほど関心がない。

食などは2次加工、3次加工が一般化していて、加工品ほどトレーサビリティを担保することは困難になっている。住についていうと、建築にかかわる世界では、大工や棟梁が建築のすべてを理解してつくりあげていた建築は、もはや現代社会では皆無である。資材の調達はむろんのこと、工程管理も分業のうえに成り立っているからである。さらに、人件費などさまざまな経済的要因に左右され、誰一人として全体をコントロールできない。その多くはブラック・ボックス化されているわけだ。だから無関心になるのだろうか。

建築材料など多くは1次加工、2次加工は当然で、多くは3次、4次まで加工される。どこでどのように原材料が生み出され、製品化されているか詳細を確かめることなく、最終製品の出来栄えと性能チェックだけで選択される状況が現実である。

このように現代社会では多くの現象が現実の持つ意味を喪失して、うわべだけの形によって成り立っていることが分かる。すなわち、プロセスを見ることも知ることもなく表層の現実によってのみ、現実の世界を認識することになる。IT化、そしてグローバル化は、一層そうした事態を加速させ、現実というリアリティがますます失われている。

現実はたしかに面倒であり手間もかかる。ゆえに人間は楽をする方法を模索し、経済的にもさまざまな合理化と革新を図ろうとする。ボランティア問題もそうしたバーチャルな方法論のうえに構築されているのか、表層の感情に左右される傾向にある。その結果、現実社会で私たちは多くのことを失い、リアリティを喪失してきたのだ。

いま、そうした見えない現実をどのように回復させ、再生させることができるか、時代の検証が問われている。

ロボット進化論

2014年
8月20日

最近、ソフトバンク代表の孫正義氏が発表した「ロボット進化論」は、支持、反論を問わず、いま求められる問題提起であると思う。

彼の主張はこうだ。「現在の労働力不足を補うためにロボットを大量導入すれば、現在約1000万人いる日本の製造業の労働人口は一挙に1億人規模になる。これによって世界最大の労働人口を擁する国となり、問題解決となる」という。彼はその手始めとして、すでに人間の感情を認識する多機能人型ロボット「ペッパー」を来年（2015年）2月に発売することを予定しているという。

最近の建設業をはじめとする労働力不足にまつわるさまざまな問題に対し、孫氏の問題提起は真摯《しんし》に受け止めるべきだと思う。それを人間の尊厳や可能性を無視した暴論とみなすにしても、人間社会と科学的成果のありようを見れば、考えざるを得ない問題であるはずである。

すでに私たちは、ロボットの大量導入が高い生産力をあげ、精度もきわめて高い製品を生み出している現実を知っている。自動車などの機械生産から食品の加工、あるいは梱包、配送などの現場はもはや大量の人手を必要としない。

ならば、人が人として働く価値のある場所を新たに目指せばよいのだ。人間が進んでしなくてもよいところにあえて人をあてがう必要などないからである。人間の柔軟な能力をその能力に見合った場所で生かしていくことである。

もちろん、ロボットが先にあるのではない。まず、われわれを取り巻く社会システムとそれに連なる生産システムの改変こそが必要なのである。人口減少や高齢化だけが日本の未来を示しているわけではないが、その現実はきわめて深刻だからである。

成熟社会において日本が取り組むべき課題は、未経験な世界であるだけに、さまざまな試行と道筋が問われている。ロボットの採用は単に経済至上主義を支援するための道具ではないということだ。なぜ知能を備えたロボットを目指すのか、間違えてはいけない。新たなロボットの導入は、人間社会の豊かさを高めるためであるという認識こそが重要なのである。

雇用を奪い、格差社会を拡大させると懸念する人たちの無思考性を非難すべきだろう。知能を備えたロボットが集団化し、人間社会を襲うという未来小説のようなビジョンをあげる人もいるが、そこまでの距離をいま議論する意味はまったくない。

すでにMIT(マサチューセッツ工科大学)では、有名なロボット進化論、すなわちロドニー・ブルックスの「ブルックスの知能ロボット論」が知られているが、知能には身体が必要で、環境との相互干渉によりそれが発現するという。

もはや現代は「オートメーション」の世界を突き抜けて「記号処理型の人工知能」でもなく、新たな「多機能人型ロボット」による社会的支援を可能とする時代にある。ロボットとの共存が現実化する社会を考えることは、実は私たちの社会のありようを考える一つの要素なのである。

孫氏がこだわる「人型ロボット」の導入がわれわれの働く環境をどう変化させるのか、いま新しい社会のあり方を構想するうえで、きわめて重要な問題提起であると思う。

チェック機能と信頼性

2014年
12月24日

２０１４年の出来事を振り返ってみて、筆者にとって印象深かったのは、何といっても「ＳＴＡＰ細胞」であった。

これからの医療にきわめて大きな成果が期待される万能細胞として、２０１４年1月29日に日本の科学の殿堂ともいうべき場所＝理化学研究所から大々的に発表され、翌30日には世界的権威のある英国の科学雑誌「ネイチャー」に論文が発表され、その驚きはノーベル賞級の発見として日本のみならず世界を駆けめぐった。

しかしながら、これも忘れることはできない3月14日、それらの期待が一気に崩壊する事態となった。理研はネイチャー論文には「重大な過誤がある」と認め、野依良治理事長が謝罪、ＳＴＡＰ細胞の具体的根拠を示せず、証明もできないとし、データの扱いなどが「きわめてずさん。あってはならないことだ」と糾弾した。7月の論文取り下げ後も続けられていた検証実験は成功せず、12月19日には実験の打ち切りを正式に決定した。ほぼその実在は否定されたとみてよいだろう。

こうした過誤がありながら、論文は理研という権威の名において発表され、そして世界的権威「ネイチャー」に掲載された。さまざまな検証や査読のすべてを潜り抜け、世界へ向けて多くの確信のもとに発表されたわけである。

ここには問題が二つある。一つはモラルの問題だ。発表者（研究者）以外、すなわち指導者や査読者の立場では、論文中の画像流用や記述の剽窃《ひょうせつ》、捏造《ねつぞう》などを見抜くことが困難な場合もあるが、倫理観に基づいた科学者としての姿勢は、そもそも教育の話である。その過程において自覚が足りなければ、当然起こり得る方向に傾く。だからここでは、いわゆる性善説を問題としない。

では、何を問題とすべきか。それはいうまでもなく、もう一つの問題、すなわち社会という外界に出される場合の仮説の実証性検証の問題である。論文の内容を十分に査読し、検証するチェック機能を誰が統括するのか。チェックの能力がきわめて大きな存在であることはあきらかである。

この問題は建築界においてはさらに深刻かつ難解である。構造計算書偽装事件以来、チェックの仕組みは驚くほど強化されてきた。だが、それらはすべてが、いわば仮説である。厳密にいえばチェック・バリアをいくつ通り抜けても十分ではなく、あくまでも仮説の集合体に過ぎない。それらのチェック体制、信頼性をどこまで追い求めることになるのか。データ不足も後を絶たない。そのうえ本来信頼すべきチェック体制すら見落としが皆無ではない。原発の安全性などはその最難関の象徴であるが、ご存じのような仮説の積み重ねによって出来上がっている状況にある。

建築は人の財産であると同時に、危険を回避し生命を守るものでなければならない。では、それを誰が保証しているのか。建築家なのか、施工者なのか、あるいは発注者か。

答えは簡単だ。すべての問いかける者に跳ね返ってくるだけだ。しかし、その答えの実体は社会に定着するまでは見えない。すべての仮説は仮説だからである。

水素社会へ走る

2015年
1月19日

水素社会は、原発に代わる新しい社会を意味している。

水素という物質は産出国や地域に関係なく、無公害で、しかも無限に、そして誰にでも入手可能なエネルギー資源である。水素への変換に使用する電気を確保さえすれば、ほとんど無償で使用することができる。その変換を再生エネルギーで賄えば、まさに原発に代わる期待の資源となる。

こうした水素社会への期待のなかで、トヨタ自動車は世界に先駆けて水素を燃料として走らせるＦＣＶ（燃料電池自動車）を発売し始めた。そして、ＦＣＶにかかわる特許を関連企業に無償で開放すると発表し、驚きが走った。企業の生命線である「自己開発した先端技術の特許」を無償で開放するというのである。

報道によると、その対象は電気をつくる基幹部品関連の約１９７０件をはじめ、計約５６８０件の特許のすべてだという。その背景には、ＦＣＶがいかに優れていても、単体では何もできないという現実がある。エネルギー供給のインフラが整備されなければ、ＦＣＶを走らせることはできず、宝の持ち腐れとなるだけだからだ。

多くの賛同者を集めて、ＦＣＶが走行するにふさわしい都市環境の整備が不可欠なのだ。トヨタ自動車はまさにそうした新しい都市社会へ向け、自動車産業の未来をかけた戦略のスタートを切ったのである。もちろん、その裏には技術革新はさらに続くという信念とともに、自信の裏づけもあるのだろう。

このトヨタ自動車の水素ガス社会へ向けた決断と戦略は、建築界にも大いなる刺激をもって迎えられた。建築界の大きな課題の一つに省資源化と低炭素社会への取り組みがあるからである。例えば、東京都が２０２０年のオリンピック・パラリンピック選手村の「水素タウン」化を発表するなど限定的ながら、さまざまな取り組みが始まっている。

現状では個別のアイデアはあっても、都市や多くの建築群への供給システムや施設整備には多くの課題が残されているが、水素社会は建築界が望む、ある意味での理想の社会である。都市のエネルギー供給システムが大きく変わり、都市の構造にも大きな変化が生まれる可能性がある。限りなくゼロに近い低炭素社会が実現できるからである。

そしてもう一つ、特許の開放という時代の流れである。これまでは特許によって独占的に収益をあげることが企業の最大の課題であったが、もはや技術は日を追って加速度的に更新される状況にある。むしろ既存の特許に縛られて守り続けるよりは、それらを広く開放して汎用性を高め、社会の利便性に寄与する時代である。次なる革新に挑戦していくことが企業たる使命であるはずだ。

トヨタ自動車は、まさにグローバル社会に生きる戦略を体現していると思う。すべての企業や産業界にあてはめることはできないにしても、国家たる指針は示されてもいいだろう。

水素社会はまさにこれからの社会構築の基幹になるはずだ。建築界もその使命を着実に果たしていくことは不可避である。

着想かプロセスか

2015年
6月4日

奇妙なタイトルかもしれないが、あらゆる分野に共通してこの二つの問題はきわめて重要である。何かを創造的につくったり、考えたりするには必ず発想のきっかけがある。そのチャンスをものにすることができるか否かで成功するかどうかが左右されるのである。

きわめて初源的ではあるが、独創性に満ち、何か想像をかき立てる魅力を持つ光、それがたとえ小さくても大いなる可能性を予感させるものであるならば、その光をさまざまなプロセスを通じてリファインさせながら目的地に着陸させる。それは一般には「仮説」といわれている。

例えば科学の分野でいえば、その仮説がいかに合理性を持った真実に近いものであるかという論理性を予感させるかである。この仮説の問題は、すなわち着想の糸口になる問題だが、単純ではない。その着想に至るまでには、それまでのさまざまな経験や試行錯誤のうえにおいての問題解決の突破口といえるものがヒントとなるのだが、そのプロセスは多岐にわたっているのが一般的だからだ。

しかし、最近のコンピューターを使ったシミュレーションの導入により、新たな道が開かれつつある。最近の言葉を借りれば、コンピューテーショナル・デザインである。さまざまな切り口からコンピューター・シミュレーションを行うことによって、いままでの人間の思考範囲を超え、新たな視界が見えてきたとき、そこに仮説や着想の糸口が見えてくる場合があるからである。

これを筆者はプロセス重視のプログラム化と呼んでいるが、第二の脳といわれているコンピューターの出現がそうした方法を生み出したのである。

前者の思考はどちらかというとアナログ的ともいえなくもないが、後者はコンピューターなくしてはできない。さまざまなシミュレーションの層的(レイヤー)重なりによって答えを見いだすプログラミングによって、成り立つ方法だからである。

タイトルには二つの方法を暗示させる意味を持たせたが、現実の世界はその両者が混然一体となったものだと思っている。実際アナログとデジタルを思考のうえで切り離すことはできなくなってきている。両者が入り組み、相互に刺激を与え合うことによって、いままでにはない世界や領域に踏み込めるようになったと考えるのが正しいのであろう。

建築の世界では光や音、風、熱など、人間が直接目で見て認識しにくい対象を視覚的に置き換えて、それらの影響をさまざまに重ね合わせるというシミュレーション手法は、もはや当たり前になっている。同様に構造解析においても力の流れをさまざまな角度から検証して視覚化し、そこから見えてくる新たな構造を仮説化する方法なども日常化しつつある。

しかし、テーマ以上に重要なことはすべての仮説はあくまでも仮説であり、建築の設計は常にその仮説のうえに成り立っていることを知る必要があるということだ。それは真実や現実と常に等価ではないのである。耐震設計や免震装置もこうした仮説のうえに成り立っていることを忘れてはなるまい。

地方創生への課題？

2015年
7月7日

国をあげて日本再生のかけ声のもとに、少子高齢化に向けた構造的改革を試み始めている。とりわけ、地方都市の衰退に対しては、2014年、日本創成会議から発表された「増田レポート」がきっかけとなって、その危機感に一層拍車をかけることになってきたのであろう。

地方の衰退に歯止めをかけるために、税制（税収）や医療保険制度の改革、介護施設および人材の養成や補充などを解決する必要があるとして、さまざまな議論がなされている。

一方で、大都市に集中している企業の本社機能の地方都市への移転を税制面で優遇することで推進させようという「改正地域再生法」が成立した。大都市と地方都市とのアンバランスを是正し、大都市への一極集中に歯止めをかけ、地方都市の雇用を創出し、人口の適正配分を試みようというものである。

このような政策と地方創生をワン・セットとした考えには当面の課題を解決しようとする姿勢はうかがえるが、はたしてそのような施策を多くの企業や高齢者たちも望んでいるのだろうか。どれほどの人がそれを机上の空論に過ぎないと考えているかを調査すべきではないか。

ただの帳尻合わせのようなやり方は政府が国として示すべき問題なのか。それ以前に、大局的なビジョンのなさに失望しているのは筆者だけではあるまい。すでに大都市から転出した企業も好んでそうしているわけではない。建築費や賃料の問題、あるいは生産拠点の合理化など、やむにやまれず転出しているケースが少なくない。しかも、それらの多くは大都市近郊である。

交通の便がよい商店や医療施設の近くに住んでいる高齢者が、いまさら地方の介護施設に余裕があるからといって転籍するはずがない。住み慣れた街の様子や人とのつながりまでも断ち切って、孤立した「かたち」で人は生きることはできない。

すでにそれは東日本大震災で経験した。世界も注目した「絆の大切さ」こそが、今日重要であることを学んだはずである。さらに重要なことは、住み慣れた場所や街に愛着を持ち、地域とともに、しかも継続的にある姿こそが地域や都市の文化を育てること、そしてその文化を糧に地域や都市があることだ。

それを忘れて介護施設に余裕があるから、あるいは地方の雇用を増やすことを期待するからという短絡した文脈では、これからの日本の未来の姿を誰が描くことができるのであろうか。

地域や都市という文化は長きにわたって持続的に育み、常に修正を加えていくことにこそ意味がある。そこには人の営みが継続されていなければならない。そのような初歩的なことをいまさら指摘せねばならないこと自体がおかしなことなのだ。

現状の課題解決のために、数値のつじつま合わせのようなビジョンのない目標に進むことこそ危険きわまりない。成熟社会にふさわしい地域や都市の未来をどのように築いたらいいのかを議論せねばならない。

そして、何よりも地方自治権の拡大と独創性ある個性の演出を、地方自らが生み出すことで「定着性」を高めていくことが不可欠なのである。

日本の人口問題と難民

2015年
10月2日

人口減少問題は、これからの日本社会の構造的変革にかかわる大きな問題としてとらえられている。具体的対策や展望については、悲観論や楽観論を含めて議論半ばというところだが、公的社会保障のための一人当たりの負担はこれからの経済成長と所得の割合からみればあきらかに大き過ぎるということだろう。

GDP(国内総生産)をどの規模で考えるかにもよるが、人口減少とそのギャップを埋める展望はみえていない。すべての規模を縮小するという議論も、また机上の空論に過ぎない。

いまシリア難民とみられる男児の遺体がトルコ沿岸に漂流した悲劇をきっかけに、欧州はもとより、世界中で各国の選択を迫る複雑な事態が起こり始めている。内戦に揺れるシリアをはじめ、アフリカなどからトルコ経由で欧州を目指す難民をめぐって、欧州各国の国内事情や駆け引きが重なりあいながら、事態は流動化しつつある。

EU(欧州連合)諸国は、植民地政策の過去もあって多くの移民を受け入れてきた。異文化の衝突や経済事情などからさまざまな複雑な問題を抱えながら、欧州各国の存立とEUという存在を成し得てきたのである。

一方、日本は東アジアにおいて植民地を持ちはしたが、欧州のような長きにわたる経験はほとんどない。そのために、今回の難民問題も他人事《ひとごと》としか受け止めることができないでいる。

世界の人口は今後ますます増え続けていく。加えて貧富の格差は拡大するばかりである。内戦による難民や国力に見合わない人口増加を続ける国々の経済難民を豊かな国が受け入れなければならないことは、グローバル化における利益共有の社会を目指すのであれば当然であろう。

もちろん、この問題が直ちに日本にあてはまるかは別の話である。言葉の問題も含めた日本文化の特異性があるからである。それは歴史の相違に深く根ざしているからである。しかしながら、そうした問題も、グローバル社会の進展とともに大きく変わらなければならない宿命にあることは間違いないことだ。

異質な要素をとり入れ、しかも固有の文化や伝統を継承しながら、未知の世界を切り拓いていくためには、いま何をすべきかを考え、徐々にでもこの問題に取り組んでいくことが避けられない。そして、そのためには今後、日本は世界での活躍と行動が伴う必要がある。また、外国人への観光政策にも一層の努力とその成果が期待される。要は、いま以上に地ならしが必要だということなのだ。

それは、単に日本の人口不足を補填《ほてん》するという問題ではない。そうした短絡した数字合わせを期待していたら、必ず挫折することになる。それを望むなら100年の年月が必要になろう。むしろ望むべきは混ざり合うことで生まれる新たな文化の芽生えである。

欧米でも労働力不足の補填という側面だけの難民受け入れでは、事態が解決しないことはあきらかになっている。日本の課題はさらに困難ではあるが、地球規模で問題解決を図らなければならない時代を迎えつつあるとき、日本自体も変質していかねばならないことを自覚すべきであると思う。

背後にある「強者の論理」を超えて

2015年
11月20日

今回は多少厄介な問題に挑戦してみたい。

近代社会、すなわち民主的国民国家は、すべての人々に自由とそれを行使する権利を与える方向を許容してきた。日本でもその方向は堅持されてきた。社会秩序を維持するためのルールのもとではあるものの、自由を謳歌《おうか》してきたことについて多くの国民にとっても異論はないことだろう。その背景には近代社会の成長の持つ許容力がある。許容力があってこそ、そうした内実が保全されてきたこともまた間違いないことなのだ。すなわち多くの選択の自由や個別の居場所を社会に受け入れる余地があったということなのであろう。

社会の変容が曖昧さを増幅

しかしながら、今後、その成長が鈍化してきたとき、はたしてその選択の自由や個別の居場所のあり方を社会がどこまで受け入れることになるのか。現在の成長の鈍化が現実に社会の格差問題などに表れ、選択の自由や個別の居場所のあり方に対する陰りが出始めているのではないのだろうか。国家の国民に対する役割が次第に弱体化してきたことが事実であるにしても、その要因はどこにあるのか。

さて、建築の分野もそうした社会の動向と深く関係性をもちながら動いていることは、多くの人たちが感じているはずである。とりわけ街づくりや建築設計にかかわっている人たちにとってはより密接した問題であろう。

それは「建築とは社会的所産である」という言説にも表れている。その社会的所産であるという範疇《はんちゅう》において、建築(空間)のとらえ方は社会の変容に従って大きく変化してきたし、いまなお、そうした変化を受け入れながら、街づくりや建築プログラムのあり方を変化させてきている。

いわば社会制度と空間は不可分な関係にあるからである。そして、社会の制度や仕組み自体は国家に対する依存度や期待度に応じて変化していく。グローバル社会にあっては国家以上に企業の存在、あるいは特別な力を持った集団が行使する権力の力学に左右される場合が少なくないだろう。

そうした変化は日常のわれわれの行動にも影響をもたらすことになる。特に昨今の変化は、われわれの行動のスコープや活動の枠組みに対して、いままで日常のなかで習得してきた概念や形式からの比較だけではなく、変化の状況に即した曖昧《あいまい》さを拡大しつつある。それにつれてさまざまな機能の枠組みもファジー(曖昧)になって、建築空間のとらえ方、定義、そして境界さえもが曖昧さを増幅させてきたことは建築関係者に限らず、多くの人が経験してきた事実である。

選択の自由や個別の居場所をせばめる

実は、そうした社会の変化がわれわれの選択の自由や個別の居場所の余地をせばめてきたのである。曖昧さの拡大は一見、選択の自由の幅を広げるかのように思えるのだが、それは限られた集団や企業に託された目に見えない力、権力がその背景にある。

すなわち拡大する曖昧さのなかに生きることは権力に従い、厳しい強者の論理のなかに生きることになり始めたことを意味する。逆説的にいえば、むしろ選択の自由を可能にすることは、いくつかの棲《す》み分けの階層的拠《よ》りどころ(守られる場所)を用意されていることが不可欠なのである。

さらに、現実社会において厄介なことに、われわれはウェブ・メディア空間のなかに生きることを余儀なくされている。それにより、事態はさらに複雑化し、迷路化し始めたのだということを知らなければならない。

ウェブ・メディア空間では自由という概念は何の妨げもなく拡大され、選択肢も無限に広がり始めているようにみえる。しかしながら、そうした世界はオンラインでつながり、立体的にも拡大はしているけれども、社会の中心や広場のような「拠りどころ」を生み出すことはなかったし、これからも生まれることはないだろう。ただ情報として拡散し、そこに関心を示した人のみがつながるという世界である。

また、それは常に組み替えられるという性格を持つものである。泡沫《ほうまつ》のような存在だから、権力構造の中心に直結することもほとんどない。とはいえ、われわれがさまざまな事象の混在した空間のなかで現実に生きている以上は、そうした事態の背後に、直接的ではないにしても、さまざまな現象を巧みに利用し、権力と結びつけるウェブ・メディアの存在を看過《かんか》することはできない。

まさに、われわれが生かされているのは複雑さを増幅させつつある空間であるという現実を理解しなければ、ただ現実の複雑さに翻弄《ほんろう》されるほかなくなる。

ウェブ・メディアと建築のリアリティ

建築空間のとらえ方が変わり始めているという現象は、少なからずわれわれの生きている社会の秩序やさまざまな制度がそれを支配しているということを意味する。選択の自由もそうした枠組みのなかで生かされてきたのであるが、グローバルに発達したウェブ・メディア空間においては想像を超えて拡散し、その影響する領域で驚くべき事態を引き起こしている事実も看過できない状況にある。

例えば、先の2020年東京オリンピック・パラリンピックのエンブレムのデザインが他の国のとある劇場のマークとの類似性を指摘されて結果的に白紙撤回に至った事件などは、その典型である。その原因が本人の意思によるものであったかどうかはともかく、本人へ加えられたさまざまな批判と軋轢《あつれき》は、いいかえればウェブ・メディア空間の過剰性によって生み出された権力による圧力として受け止めざるを得ないだろう。

建築の場合においても類似の指摘が出ることは少なくない。そのような非常に目に見えにくい、ある種の権力と連動した事態が現代建築の考え方に影響を与え、あるいは誘導していることも見落としてはならない。改めて空間に対するわれわれのリアリティのとらえ方を考え直さねばならないという現実に直面しつつある。

建築のプログラムに組み込まれる選択の自由、そこで予測されるであろう行動や活動、あるいは居場所という恣《し》意的な設定に対し、われわれがどれほどそのリアリティある責務を果たすことが可能なのか。自由度と空間のつくり方はどれだけリアリティを受け入れて、現実的であることが可能なのか。

多くの検証を待ちたいところであるが、人間の保守性と制度の縛り、そしてウェブ・メディア空間に生きる世界のなかでの建築空間とそこでの活動の自由度とは何か。この厄介で難解な問題を改めて再考しなければならない。それこそが時代の変化する状況に合わせて考えなければならない、現代社会が抱える大きな問題だと思う。

モノから空間へ

2015年
11月25日

私たちの日常が日々変化し、新たな状況へと移行しつつある。もはやインターネットやスマートフォンなくして日常は成立しない。われわれの日常の行動や意思伝達の大半がそれらを介しているほどだ。

いわゆるモノ（Things）を通してインターネットにつながるという状況が拡大しつつある。それは最近いわれ始めているＩｏＴ（Internet of Things）の世界である。モノを通して世界を見るということであり、さまざまなモノに付着している情報がコミュニケーションのより深いツールとして機能し、それを媒体として世の中の動きを読みとろうというものだ。

すでに私たちの日常の世界では、ＩＣＴ（情報通信技術）を通したコミュニケーションが日常化している。モノに埋め込まれたセンサーやＩＣチップに必要な情報を感知させたり、判断させたりする力が組み込まれ、さらにそれがインターネットでつながることで、モノに付着しているさまざまな情報の組み合わせが、新たな状況を生み出す可能性があるということである。

半導体大手であるルネサスエレクトロニクスがＩｏＴの分野で米国通信大手ベライゾン・コミュニケーションズと提携したというニュースが伝わった。ベライゾンの携帯通信網を介してＩｏＴ対応の機器とデータセンター間の通信サービスを提供するという。こうした動きが今後ますます加速されることは目に見えている。２０２０年には少なくとも３４０億ものデバイスがネットでつながると予測されている。

建築の分野でも、生産にかかわるコミュニケーション・デバイスとして設計から建築現場に至るまでの製品（モノ）にまつわる複雑な連携が始まっているが、さらに進んで、空間認識のレベルでもモノの存在と空間認識が即応的に感知され、いままでの体感を中心としたアナログ的認識とは異なる感覚を、いままでとは異なる方向からの信号によって知ることが可能になる。

人間の視覚から、手で触れる感覚＝触覚や臭覚などの感覚までが同時に動員され、感知可能となるとどうなるのか。

人間の認知体験は限られた世界から一気に飛躍したレベルに到達して、より複雑な体験、体感が可能となるのである。アナログ的な体感は距離を離れると急速に薄れるが、ＩｏＴの世界では距離感覚が一気に解消され、未知の体験、体感が味わえることになる。

それこそがＩｏＴの醍醐味《だいごみ》である。モノに埋め込まれたＩＣチップは、それこそどこにいようが、チップの情報によってモノの価値までが読みとれる情報を提供することになるからである。

しかしながら、そこにモノが常に存在しているわけではない。情報のみがインターネットにつながるのであるから、問題は常に受けとる側の判断と活用する能力にかかわってくる。さらにＡＩ（人工知能）がそれを新たな展開にまで誘導できるかは未知数だが、ＩｏＴの可能性は無限に広がりつつある。

生かされるモノの存在が浮き彫りにされ始めたということができるだろう。モノがモノの世界を超え始めたということか。

大企業の使命

2016年
1月25日

大企業、大会社の経営が立て続けに瀕死の状況にある。20世紀に成長著しかった企業が問題を引き起こし、成長や拡大どころか、衰退の憂き目に遭遇し始めている。

放漫経営やビジョンの欠落などがそうした事態を引き起こしたことは間違いのないところであろうが、何よりも先進国における成長期から成熟社会への転換に対応できなかった結果として、今日の巨大化した企業が、ことごとく脱落し始めているのである。

21世紀に入って、あきらかに世界の経済成長は鈍化している。産業経済の鈍化であることはいうまでもないが、あきらかに異なる方向に向かう路線ではなく、機関車のみに関心を持ち、その性能アップにばかり専念してきたところに最大の問題がある。

もはや私たちの環境は大きく変化して、ライフスタイルそのものも大きく変わり始めている。ライフスタイルが変われば、それを支える供給側のあり方やモノそのものが変化し、その供給を支える産業構造も大きく変化することは当然の原理原則である。

例えば、ある外食企業の事例はその典型である。腐敗した食材を加工し、製品化したことが判明し、一気に客離れを引き起こしたのであるが、これなどはまったく経営者の放漫そのものである。現代人の感覚は安全・安心の食文化志向にある。そうしたなかでの事件である。社会の感覚が理解されていない、庶民感覚には程遠い大企業の世界が露呈したのである。

大企業だけが利益を生み出す重層下請構造による責任の丸投げ、大企業ゆえの利益誘導の構造である。例えば、売り上げが低迷する事業を刷新するために、本社のスリム化と称して株式譲渡を行い、事業はロイヤリティのあるフランチャイズ制によって継続するという発表があったが、問題の本質がまったく理解されていない。

企業が利益を生み出すことは当然だが、世界に冠たる大企業にはそれ以外に社会的使命があることはいうまでもない。利益だけがすべてに優先されるものではないからである。

こうした傾向は日本の大企業ばかりではなく、あきらかに21世紀の世界のトレンドが変わり始めている。建築界も同様だ。コスト優先がまかり通り、施設のプログラムの質や中身の議論が十分ではなくなり始めている。

元請け会社は人材不足を口実に重要な部分までも安易に下請けに発注し、その成果だけを巧みに利用して、考えなければならないテーマを等閑《なおざり》にしている風潮がある。

こうした歪みを引き起こしている最大の問題は、建築界でもよくみられる企業や組織の多重構造化にある。下請け構造の重層化によって元請け会社の責任を分断して軽減し、ロイヤリティとして親会社の利益だけが確実に担保されるのである。

現代社会の複雑さと企業の大型化はある意味で必然である。しかし、その複雑さをコントロールできるのが大企業であることは間違いない。中小の企業にはできるはずがないからである。さらに大企業こそが社会に貢献する余力を備えているはずであり、単に目先の利益を追い求めてはならない。それが大企業の使命なのである。

コストと安全

2016年
1月29日

2016年1月15日早朝、長野県軽井沢町の国道で起こったツアーバス事故は、人の命を預かるバス会社への憤りと、繰り返される事故の虚しさが入り混じった悲劇である。その根底に、国が定める基準額を大幅に下回る安値受注を繰り返す業界の「構造的問題」があることはすでに指摘されているが、そうした負荷はすべて末端にかかることは明白である。

こうした問題は建築界にも内在している。先の基礎杭問題も建築界の重層的下請け構造に起因している。中間で利益を抜き取り、それこそ最低の「価格と工期」のしわ寄せを一身にかぶるのが末端の杭工事業者である。

このような悲劇はいまや産業界全体に共通することであり、とりわけ建築界では深刻である。なぜならば、建築には人命と財産を守るというきわめて重要な責務が課せられているからだ。関係者はその責務の大きさを日常の業務のなかでどれほど自覚しているだろうか。

むろん、建築界の問題は建築工事の場面だけではない。問題なのは設計料および監理料のダンピング(過度な安値受注)である。特に地方自治体の発注する公共工事の設計者選定では価格による入札が横行している。

さらには、アイデアの提案を求めながら同時に設計料も記載させ、その額の安さをも採点評価につなげるという、まったく無謀ともいわざるを得ないプロポーザル提案が日常的に行われるという事態である。国土交通省の告示15号の規定を順守し、参考にする気配など皆無に等しい。そのうえ、国は時代の要請を受けて、次々に新たな規制を図る傾向がある。最近では「省エネ基準適合義務化」を謳《うた》った法令が出ている。

設計者の作業負担が各自治体の工事でどのように「その他業務」としてのフィーに反映されるかは定かではないが、現代社会の要請は設計の内容に対し、先述のように多岐にわたる安全性を含んだ高度化を目指す傾向にある。こうした国の指針の必然性は、設計者ならずとも了解されることではある。

しかしながら、人命や財産の担保に責務を負う立場にいる設計者の人件費が削られることになれば、必ずやその歪みはどこかで問題を引き起こすことになる。設計においては余裕をもって細部にわたる配慮と技術検証が行われなければ、工事に先行する仕様書(設計図書)にはならないのである。これをただ受託者(設計者)の問題として片づけるわけにはいかない。

先のツアーバスの悲劇は対岸の火事ではない。コスト優先の現代社会とその社会を成り立たせている産業界の構造的仕組み、さらには人命や財産を守るという仕組みの最先端での作業も「ヒトの力」に依存しているという現実を自らの問題としてとらえなければ、事態は変わらない。

これからの日本の先行きには、急速な高齢化と労働人口の縮小化がある。こうした社会全体が抱える問題を視野に入れなければ、問題解決の方向は得られない。発注者、受託者ともに、社会の要請に応える姿勢が問われることを胸に刻むことである。悲劇を繰り返さないためにも。

〃小〃の力

2016年
2月15日

時代が大きく変化の兆しを見せ始めている。

大国が衰退し、大企業の撤退も話題になるなど、世界に君臨したかつての大きな力がさまざまな軋《きし》みを表面化している。米国やロシアという大国が相対的に影響力を失いつつあるなか、何よりもローマ帝国以来のヨーロッパの理想を体現したEU（欧州連合）が解体の危機に瀕している。

日本でも20世紀後半から現在にかけて世界を席巻した大企業がことごとく陰りを示し、体質改善だけではどうにもならない事態に直面し始めている。M&A（企業の合併・買収）やさまざまな再編を図ってはいるが、再生の予兆は見えてこない。

大企業はサプライ・チェーンというシステムを構築し、役割を分担して巨大化するシステムの傘下に数々の企業を組み込むことで成長してきた。しかし、その仕組み自体が怪しくなってきたのである。

世界の先進国、とりわけ日本では人口減少と少子高齢化による成熟社会のなかにあって、〃大〃の恩恵は次第に弱くなり始めたといえる。何よりも社会や個々人の嗜好《しこう》、ライフスタイルが大きく変化してきたからである。

思い出すのは、英国で1973年出版され、76年に日本語の初訳が出版された英国の経済学者E・F・シューマッハの『スモール・イズ・ビューティフル』である。拡大し続ける現代文明を批判して、自然破壊や科学的進化に対する盲目的な暴走にブレーキをかけるのは「人間の英知」だとして、人間は「身の丈」に合った時代を希求すべきと看破《かっぱ》した。

「小さいこと。小さな資本であること。シンプルであること。そして、暴力的でないこと」をすでに40年前に指摘していたのである。その先見性に驚くとともに、いまだそこから抜け出せないわれわれの社会の不見識を恥じなければなるまいが、〝大〟への志向は、人類の性《さが》のような存在でいかんともしがたいところがある。シューマッハのいうとおり、それを人間の英知がどこまでブレーキをかけられるのだろうか。

ひるがえって、現在の建築界にも〝大〟によるさまざまな課題や矛盾が浮上してくる。建築業界の下請け制度による歪みは価格や責任のみならず、品質確保への一貫性をも揺るがせている。設計界でも、とりわけ〝大〟の設計体制がはたして社会の真の要請に応えているのかという問題が浮上しつつある。

〝小〟さな個から出たアイデアの源泉が、むしろ周囲にいる、これもまた〝小〟さな専門性の高い個性との連携によって汎用的にリファインされるという現実に注目が集まり始めている。個性的な専門家のアイデアの萌芽が期待されている。

例えば、専門性が高く、個性と独創性を育んできた小さなモノづくり工場が、いまや下請けではなく、独立して自らのアイデアと技術で社会のニーズに応えようと動き始めている現実に現れている。

成熟社会の動向は〝大〟による、その傘下で暮らすという世界から、〝小〟さくとも個性と独創性、そして専門性を持った「元気印」の個の活力へと流れが変化している。その流れが日々大きくなり始めている。注目していきたい。

若者の熱気と現代の憂鬱

2016年
4月4日

ヨーロッパに集う日本の若者に活気がないらしい。パリにいる知人のフランス人によれば、昔の若者にあった元気さ、意欲、ハングリーさなどすべてが見受けられないという。しかしながら、自国(フランス)の若者も同様だともいっていた。米国についてもこうした話を聞く機会が多くなったから、世界が一様にそうした傾向にあるのだろう。

EU(欧州連合)は経済的格差問題と難民・移民問題が、米国でも学費ローンなどの経済的負担や雇用問題が若者の元気さを奪っている。アジアでも同じく経済至上主義のなか、多くの国が経済的負荷を抱え、格差を助長させている。日本もそうだが、韓国などでも若者の希望や情熱、将来への目標を失わせる事態が蔓延《まんえん》している。

建築界も同様だ。建築系大学の志望者数や一級建築士試験の受験者数の激減にもそれが表れている。誰もが目標を失い、漂い始めている。それがいまの世界の大きな潮流である。

さて、世田谷美術館で開催されていたスペインの彫刻家フリオ・ゴンサレス展は、大きな刺激だった。第2次世界大戦以前のヨーロッパの情熱や芸術への熱い息吹を見たからである。ゴンサレスは、一時はブランクーシの助手を務め、ミロのドローイングを思わせる鉄の彫刻で空間に挑んだ彫刻家であり、「ピカソに鉄彫刻を教えた男」というサブタイトルのように、ピカソとも共同制作を行っている。

彼が活躍した1920～40年代のヨーロッパの動きは眼を見張るものがあった。バウハウスの運動はいうに及ばず、音楽や文学などが一堂に会して刺激と連携を深めた。とりわけ、パリは花の都の名のとおり、華やかさと活気に満ちあふれていた。戦後その流れを引き継いだ米国では50〜70年代に輝かしき時代を迎える。筆者もその息吹を感じながら青春を過ごしたことはまだ記憶に新しい。

一方、日本の現状はどうか。安倍晋三首相のもと「一億総活躍社会」に向けて取り組んでいるが、その現実味は誰に届いているのか。若者が活躍する社会とは何を指しているのだろうか。株価上昇、デフレ脱却の目標から何をイメージし得るのか。一部の豊かさが、下方に波及するというトリクルダウンの考えは単なる方程式でしかない。イメージを共有する発信力が伴わなければ、情熱は伝搬しない。

若者の情熱が弾《はじ》ける時代は、真の豊かさを表す時代だった。59年、グッゲンハイム美術館(フランク・ロイド・ライト設計)の誕生は、当時の米国の現代美術だけでなく、音楽、演劇にも大きな影響を与え、ニューヨークを世界の芸術のメッカにした。日本でも建築界、美術界、さらには経済的にも波及効果があった。

いま、そうした若者の熱気が感じられない。何が原因なのか。ハングリーさもなければ危機感もない。こぢんまりとした世界にとどまり、そこから抜け出す勇気や気魄《きはく》もない。心地よくもない生ぬるさだけが漂っている。

熱気ある時代をとり戻すためにも若者の奮起は重要だ。停滞する建築界でもそうした奮起に期待したいのだが。

北海道新幹線開業に思う

2016年
4月19日

北海道と本州が整備計画から43年という歳月を経て、新幹線でつながった。新青森駅を経由して、東京と新函館北斗間が最短で約4時間で結ばれる。その経済波及効果は、道内だけで年間140億円ともいわれている。この先の札幌までの延伸は2030年度末で、費用は1兆6000億円以上ともいわれ、投資効果への期待がある一方で、その時期の完成には未知数の不安がある。

JR北海道は鉄道事業全体で年間400億円の赤字を抱え、2016年3月に八つの無人駅を廃止している。北海道内の鉄道網の過去と現在の違いに驚きを隠せない。戦前戦後を通じて国土開発の基幹事業として開発、敷設が進められてきた鉄道事業だが、北海道では1985年以降、次々に廃線や無人駅が増え、現在25路線にものぼる路線が廃止された。

鉄道のない地域がそのまま放置されている現状に唖然《あぜん》とする思いである。高度経済成長期には北海道への期待は大きかったが、バブル崩壊後の人口減少と過疎化には勝てず、公共性の使命を果たせず、道民の足が失われることになった。維持管理の負担により、都市インフラという公共的事業が消える。この間たかだか30年である。しかしながら、廃線になったからといって住民がゼロになるわけではない。

これを社会的経済状況の変化の結果だと片づけることは簡単だが、今後シュリンク（縮小）する日本の社会、とりわけ地方都市の交通インフラの問題は容易に解決できそうにない。マス・トランスポーテーションを直ちにパーソナル・トランスポーテーションに切り替えることは不可能だ。

ましてや高齢者はパーソナルな手段に依存すればいいという話でもない。

シュリンクする地方都市の最大の課題はインフラのあり方である。人口が減少するから、都市をコンパクトにして効率的に組み替えていくという発想だけでは問題の解決にはならない。経済成長期の発展する社会を前提とした計画の愚かさに、いまになって気づかされる。

人口減少は高齢化社会を出現させたが、高齢者は早々に減っていく宿命にある。しかも、地方都市には高齢者だけがいるのではない。若年層への支援も不可欠なのだが、公共インフラがなくなれば雇用の場がないこともあって、若者は直ちにそれらが充実した大都市に向かうだろう。街が無人化すればたちまち廃墟となる。

それを避けるためには、段階的な都市移転のシステムを構築して、都市部の発展がまだ見込める地域に機能を誘導し、それが見込めない地域ではインフラの縮小と廃棄を行うしかない。人口減少と高齢化問題、そして都市のありようは、生活の基盤を前提として語らなければならない必然性がある。それをどのように構築していくかは、これからの最大の課題である。これらは国家的問題でもあるが、地方都市にとってはとりわけ生死をかける問題である。

もはや一義的投資効果というビジョンだけで公共性は担保できない。地方連携(ネットワーク)を強化して、残すべき都市のあり方を模索する必要があるのではないか。これからのコンパクト・シティ構築の最大の課題である。

資本主義と公共性

2016年
4月27日

社会経済活動のグローバル化はとどまるところを知らない。もはや国内だけで完結する経済活動は存在しない。資本は流動化し、情報が世界を光速で駆けめぐり、決済が行われる。最小の投資で最大の利益を生むために、世界市場を相手にいつ何をどうするかを常に考えることが当たり前になり始めている。

さて、降ってわいたような出来事が世間を騒がせている。タックス・ヘイブン（租税回避地）であるパナマの法律事務所から「パナマ文書」といわれる大量の文書が流出した事件である。非営利組織ＩＣＩＪ（国際調査報道ジャーナリスト連合）によって公開され、世界中に激震が走った。それは脱税ともとれる節税の姿が示されたからである。

しかも、ＩＣＩＪの報告によると、欧州の主要金融機関はもちろん、現職や元職の首相など50カ国以上の政府要人や親族がペーパー・カンパニーに名を連ね、蓄財や税逃れをしていたと指摘されている。近日中に全容が公表されるというが、リーマン・ショックの反省などどこ吹く風というものだろう。

すでにＯＥＣＤ（経済協力開発機構）が、それぞれの加盟国での税逃れ防止を図るための協議を開始したということであるが、租税回避が公然と、しかも歴代の首脳などの政府関係者が積極的にかかわって行われていたという事実はあきらかだ。

しかしながら、世界の市場を均質化できるはずもないなか、タックス・ヘイブンを取り締まることが困難であるのはいうまでもない。当たり前のことだが、問題の本質を理解しない、問題の大きさだけに焦点をあてた議論はむしろ問題を歪めた方向に誘導しかねない。

手法論だけでいえば、単なる節税手段に過ぎないからだ。問題は国の指導的地位にある人の倫理観の問題と同時に、今日の経済至上主義社会のあり方である。ペーパー・カンパニーを利用した手の込んだ節税は、脱税といわれてもいたしかたない行為で、悪しき経済至上主義が生み出した結果でもある。

こうしたグローバル社会と金融市場の問題がさまざまな社会経済環境の広がりと活性化を促していることも理解しながら、一方では富める者が一方的に利益を得られるような仕組みに対する歯止めが不可欠であることはいうまでもない。タックス・ヘイブンはグローバル経済活動のなかのたかだか一つの現象にすぎない。問題は行きすぎた経済至上主義である。

市場金融社会と建築界も無関係ではない。建築とは公共性を担う存在であることを忘れてはならない。公共性を担うものがいかに行動すべきかはそれぞれが判断するしかないが、その要になるのは唯一「倫理観」ではないか。

資本主義は利益(利息・利潤)の最大化を目指すものだという定義だけに基づいて暴走することでは社会が成り立たない。いまこそ利益追求が自己目的化している資本主義のあり方が大きく問われ始めている現実を再認識するときである。

それはまさに、マックス・ヴェーバーの『プロテスタンティズムの倫理と資本主義の精神』に示されている「内なる動機」に立ち戻ることが可能なのだろうかという問いに答えることでもある。

設計事務所の売り上げ競争の愚

2016年
5月6日

日銀のマイナス金利政策については、さまざまな意見が飛び交っているが、現状では副作用が効果を上回るという意見が少なくない。デフレ・マインドを強める不安もあるだろう。

このマイナス金利政策は、いままでの日銀の「量的拡大」という政策から、市場の「金利環境の制御」へとシフトしたもので、短期金利の低下により実体経済にマネーが回ることに期待しているという側面はある。もちろん、それで物価上昇2パーセントという日銀の目標が達成できるというわけでもないのだが。

では、こうした政策が建築界にどのような影響を及ぼしているのか。ゼネコンや不動産業界の資金調達環境にとってはプラス的側面は少なくないだろう。最近の地価は大都市部では確実に上昇し、効果を拡大している。大手ゼネコンも史上最大の売り上げと利益を計上、まさにバブル再来の様相だ。

一方で、設計界の状況はどうか。大手設計事務所は競争激化ながら売り上げを拡大しつつあるが、撤退を余儀なくされる事務所も多い。その最大の理由は、日本の設計環境の変化にある。特に公共建築においては設計施工分離の原則の大きな変化である。品確法（公共工事品質確保促進法）により設計分野についても総合評価方式と称し、設計の質だけではなく、価格競争も是認する方針となった。

さらに、PFI、DB（デザインビルド＝設計施工一括方式）など、発注方式の変化や市場のニーズに対応したコンサルタントの参入などにより、いままでの設計事務所の立場は大きく揺らぎ始めている。

また、社会のニーズの多様化はむろんのこと、資金調達の複雑化などの経済的影響、建築技術の高度化や複雑化で、設計事務所だけでコントロールしにくい要素が増えているという事実などにより、専業設計事務所の業務が困難になり始めたということがある。

しかしながら、発注形態の多様性を踏まえた設計業務のマネジメントを、設計事務所が担当することの妥当性は少なくない。なぜなら、クライアントの考えを擁護するインディペンデントな立場はほかにないからである。

とりわけ、公共性の高い建築ではその立場が重要になる。そのうえで建築の哲学や構想、すなわち建築の原点の創造における設計者の存在の重要性を忘れてはならないはずだ。建築が生成される仕組みを無視しては建築は成り立たない。

もちろん、設計事務所が競争社会のなかで切磋琢磨《せっさたくま》することは大切だが、建築の設計は金額(設計料)だけで決めてよいものではまったくない。その業務の役割と使命からすると、単に売り上げの多寡《たか》でその順位を争い、インセンティブにつなげる昨今の風潮を憂うばかりだ。

ジャーナリズムがそうした順位をもって設計事務所の能力を測ろうとする傾向があることを危惧《きぐ》する。さらに、最近では設計事務所自身が売り上げ競争に参加する傾向が目立つ。

しかしながら、本来、設計事務所はそうした傾向に対し、むしろ歯止めをかける立場ではないか。設計者は自身の役割と使命を自覚し、いまこそ売り上げの多寡を競う行為を自戒すると表明すべきときではないか。設計行為とは経済的商売ではないのだから。

近接のコミュニケーション

2016年
5月20日

囲碁の世界でＡＩ（人工知能）と人間の対決が話題になったが、著者の予想に反してＡＩの優位性をみせつけられ、驚かされた。

囲碁の高段者は、組み合わせの分析やシミュレーションではなく、長年の経験と修練に基づく自己の直感力で勝負するという。その直感を打ち破るＡＩの能力には脱帽である。しかしながら、そうしたＡＩの能力を発揮できる分野は限られている。アルファ碁という囲碁ソフトのなかの世界なのである。

一方、大企業の凋落《ちょうらく》ぶりに驚かされるが、当然といえば当然である。組織が硬直化し、社会のニーズや変化についていけず、時代の変化に取り残された結果ということだろう。ガラパゴス化といわれる事態である。

『都市は人類最高の発明である』を著した米国の経済学者エドワード・グレイザーによれば、情報テクノロジーやＡＩの進化は、都市という場を通して人間同士の直接的なコンタクト（ふれあい）の場を拡張する。

情報テクノロジーやＡＩの世界は限りなく拡大しているが、人間同士の直感的交換の重要性が理解され、ネットワークで遠隔地につなぐコミュニケーションの限界が明らかになりつつある。在宅勤務などの勤務形態が影をひそめ始めていることも、そうしたフェース・トゥ・フェースのコミュニケーションの重要性に気づき始めたからだろう。

とりわけ建築のようなチームでなければできない仕事においては、ＡＩの力を生かせるデータ分析やシミュレーション検討などはともかく、その結果や目的の評価については人間同士の機微なる洞察力がモノをいうことになる。チーム内での意見交換はすべてのプロセスにおいて外すことはできない。空気を読むという言葉があるが、まさに「その場での直感力がモノをいう」からである。

先に示した大組織の躓《つまず》きは、現場の意見と上層部の考え方の乖離《かいり》が原因である。現場は時代の機微を察知し、社会の動向を読み解きながら動きまわっているのだが、組織のトップは組織維持のためのまったく異なる次元の課題と目標に支配されている。それらを同調させるための困難さや矛盾などが理解されない。

情報だけはインターネットやＡＩの進化、高度化によって、グローバルに遠隔地を結びつけることができる。しかし、近接するチーム内のコミュニケーションの仕組みや方法が組織としての大きなチームにはあてはまらないことについて理解されなかったため、大企業の挫折につながり始めたのである。

私たちの社会生活と日常の働く形は、インターネットやＡＩのおかげで、その様相を変えつつある。しかしながら、人間の総合的な知力、直感力が当分優位に働くことは間違いないだろう。テレワークというスタイルを否定するつもりはないが、近接するチームによるワークスタイルの可能性がこれからの社会と仕事場を結びつけるキーになることは間違いない。そうした組織づくりを考える時代であろう。インターネットやＡＩのおかげで、逆説的なことに、近接したコミュニケーションの重要性が浮き彫りになったのである。

サミット開催の場所性

2016年
6月8日

Ｇ７伊勢志摩サミットが三重県の賢島で２０１６年5月26、27の両日にわたって開催された。先進国７カ国の首脳とＥＵ（欧州連合）の委員会委員長と理事会議長の参加である。そのほかアウトリーチ会合にはアジアを中心とした各国と国連などの首脳も参加した。ロシアや中国、韓国は含まれていないが、今回のサミットでは日本政府の存在感が改めて強調された。

欧州からみれば日本はアジアのファー・イーストであり、１９８０年代の経済大国ははるか昔のことで、存在意義を失いかけていた場面での成功は日本人にとっても大きな自信回復になるだろう。

首脳宣言では世界経済のリスクに対する各国の政策対応などの経済問題をはじめ、欧州の難民問題やテロ、そして、ＥＵの抱える問題への対応もあったが、アジアの問題にも焦点が集まった。その意味では、アジアの日本という場所の存在意義を示すことができたサミットだった。

そして、伊勢志摩、「伊勢神宮」という場所の選択の意義について考えたい。それは伊勢神宮の建築についてではない。また、古来伝わる、いわゆる「神明造り」という建築様式でもない。あの場所の静寂で凛《りん》とした空間の存在、世界のどこにもない、日本独特の場所の厳粛さと威厳、きわめて清潔な印象を与える場所の存在である。

深い森に包まれ、参道の玉砂利を踏む音、境内を流れる清い五十鈴川など、静謐《せいひつ》な空間は世界の首脳陣の心に響いたに違いない。西洋の宗教的空間とは異なって、自然の懐に抱かれるという空間体験は、首脳会談において大きな役割を果たすことになったと思う。

人間が思考し、行動を起こすときに、その人が置かれた場所や空間、すなわち環境が与える影響は少なくない。環境の影響を読み解くことこそ、建築家が常に立ち戻って考えるべき原点である。サミットの場で残念だったことは、首脳会談はホテルで開催され、神宮の静謐な森の空間を感じとれる場ではなかったことだ。

それでも、会談の余白にそうした体験を味わうことができたことは、会談の中身にも豊かな影響を与えたように思われる。

人間の成長において物的に備わった環境、すなわち場所性、空間性などの要件がどのようにあるかで、その成長の様子が大きく変わることは知られている。すべてが美しく豊かで清らかである必要はないが、そうした環境の体験は必ずや記憶の片隅に残るものなのである。

世界の首脳たちは、それこそ毎日変化するグローバルな活動のなかで日常を送っている。その活動の一コマに東洋の最果ての国、日本という場所で得たローカルな体験は、首脳宣言以上に大きなお土産となったことだと思う。

世界の難題を一気に解決できる妙案は存在しないが、このたびの体験が記憶の片隅に残ることで、首脳陣の思考の文脈を豊かにすることができるように思う。それは大きな収穫ではないだろうか。

警備の問題や単に風光明媚な場所というだけではない、日本という固有の空間でのサミットという体験の意義である。場所が生み出す感性の選択である。

議論なき市民参加という不毛

2016年
8月3日

政治のお祭りが一段落した。参議院議員選挙に次いで東京都知事選挙とめまぐるしい2016年の7月であった。嵐のような時間が過ぎ去っても、次なる希望や世界は見えてこない虚しさが残る。

英国がEU(欧州連合)離脱を決めた国民投票も理性なき一時の感情の結果であった。そうした不毛の最大の原因は国民投票や選挙、あるいは建前の市民参加といった、いわば「議論なき行動」が招いた結果といっても過言ではない。

一方、最近の課題解決へ向けた判断が民主主義の機会平等の原則に即して、誰もが等価に事態の推移に参加し、結果の成り行きに深くかかわれるといわれてはいるが、現実には一方的な意思決定の構造のなか、仕組まれたプロセスを踏むしかないことが少なくない。その結果として出来上がった結論の多くは、予定調和のなかにしかない。多様な議論を経て、期待以上の新たな発見にたどり着くことはほとんどない。

公共建築のあり方をめぐる議論も、そのようなプロセスへの異議申し立てである。とりわけ自治体の公共建築の設計にあたっては、発注者である自治体が積極的に設計プロセスや施設のあり方、運営などに市民の意見を反映させようとする姿勢は近年とみに顕著になっている。まちづくりなどにあたって必ずといっていいほど市民参加、すなわちワークショップの必要性が盛り込まれている。たしかに民主主義の時代に当然ともいえる社会的要請だろう。

行政や議会だけですべてを取り仕切るのではなく、時代の要請に応えることはもちろん、市民に開かれた自治の実現、また市民とともにつくりあげる公共施設のあり方が求められるようになってきたからである。市民と議論を重ねることによって、まちづくりなどに積極的に参加してもらうことの必要性が行政の認識として行きわたってきたということだろう。それ自体は歓迎すべきことである。

しかしながら、市民側の意識のレベルも階層、世代ごとに多様である。そうした多様な立場や認識の相違をほんとうに汲みとるには、行政側に強い覚悟が必要になる。常に意見は多様で、焦点は拡散する。それでもよいという意見もあろうが、それではただ聞き置くだけの参考意見に終わる。

こうした結果が、建前的な市民参加＝ワークショップに見られる場合が少なくない。いい換えれば、こうしたワークショップは行政が単に市民におもねる姿勢をとるためだけのパフォーマンスにもなりかねない。

実際、行政の働き方や運営の中身にまでワークショップが触れることは皆無に等しい。結局は最小限の市民との共同の場所を生み出すだけで、議論はきわめて限定的なものになりがちだ。地方自治行政とは何か。そして、市民は行政にどのようにかかわり、これからの社会やまちづくりに向けて、どう協働していくのかという本質を深く掘り下げた議論などみられない。

ワークショップの開催回数や意見を聞き置いたという事実だけをもって、市民参加を促したとする行政の姿は国民投票、すなわち議論なき市民参加が示した結果を受けて後悔する英国の姿に重なるように見えないだろうか。

国際的なノウハウの拡張

2016年
8月9日

英国の半導体設計大手ARM(アーム)社の3兆3000億円での買収劇は驚きをもって迎えられた。日本のIT企業の代表格であるソフトバンクがそれを成し得たことは、筆者にとっても驚きであった。ソフトバンクCEOである孫正義氏の英断と先見性と同時に、ARM社側の戦略には見るべきものがあった。

ARM社がスマートフォン用の半導体設計の世界一のシェアを誇るリーダーゆえに、容易には成立し得ない買収劇を、双方がそれぞれの利益とともに次なる展望を考えて結論に達したことに、世界的企業の生き残り戦略のものすごさを目の当たりにしたからである。

IT業界における次なる市場は、モノのインターネットともいわれるIoTの世界制覇にかかっているといわれている。日本でもIoTに関する動きは始まっているが、世界的規模でのマーケットの動向が見えているとはいえない。そうしたなか、孫氏はすでに10年ほど前からこうした展開を視野に入れていたという。

代表的なIT企業のアップルやグーグルは独自の製品開発のみならず、通信サービスなど傘下に抱える企業も含めて世界市場を独占している状況である。しかしながら、日本のそれは、それらの商品などを使ったサービスの分野がほとんどだ。そのような状態では、これから世界市場での勝ち残りをかけた戦いには到底参入できない。

孫氏はそうした状況を打ち破るべく、果敢にもこの難問に挑んだということだ。破格の買収額と世界戦略に打って出ようとする意気込みには感嘆するばかりだが、もはや世界のIT業界は最先端を担うものしか権利を主張できず、市場を奪うことはできないということだろう。

一方、建築界は不動産という足かせに縛られてか、そうした世界戦略とはかなり遠いところにいる。しかしながら、建築の世界でも人力が支配する時代から、ロボットやＡＩ（人工知能）、３Ｄプリンターなど、さらなる進化を遂げた技術を駆使し、ＩｏＴで稼働、運用される時代の到来はそう遠くはないはずだ。

だからこそ、世界市場に先駆けて殴り込む勢いを持つことが、これからの課題であることは間違いない。建築は大地に根ざしているという文脈に支配されてきたが、生産プロセスの多くは大地に根ざすことはないのだから、世界市場というマーケットに開放されよう。そうした時代はすぐそこに来ている。ドメスティックな世界で戦っていても、ガラパゴス日本の世界からの孤立が進むだけだからである。

歴史的にみても建築の変革は、ハードの技術革新に負うところが大きかった。コンクリートやガラス、鉄などのさまざまな材料の開発、そしてエレベーターやエスカレーターという機械の発明が建築の発展、進化を促してきた。

しかしながら、今後はそれらに加え、ＩＴとの合流が次なる世界を生み出すことは間違いない。すでに建築界にもＩｏＴは浸透しつつあるが、いまだ革新的爆発は起きていない。爆発が起これぱドメスティックな建築も世界市場にかかわることになり、すべての部材が工場や現場などでデジタルに生産、加工されることになる。建築の概念すら変わることになるのかもしれない。

「大坂城・極楽橋」考

2016年
8月26日

大河ドラマ「真田丸」が話題になっている。戦国時代の名将真田信繁(幸村)の波乱に満ちた生涯を描いたものだ。幸村は大坂夏の陣で豊臣軍についたが徳川軍に敗北を喫し、大坂城が陥落したことは誰もが知るところである。

このたび、『新発見 豊臣期大坂図屛風』という書籍(2010年初版、清文堂出版)を一読して、その中身に改めて驚かされた。豊臣期の大坂城を描いた図屛風がオーストリア・グラーツの古城に眠っていたというのである。

発見の詳細な経緯については同書をご覧いただくとして、その由来についても定かな資料は残っていないが、現在博物館となっているエッゲンベルク城の一室の壁面に残されていたという。同書にはその屛風絵が詳細に紹介されており、きわめて好奇心をかきたてられる研究報告なので、ぜひとも手にとっていただきたい。

さて、この屛風絵は豊臣家がもっとも栄えたときの絵図である。天正11(1583)年に豊臣秀吉が大坂城の築城を始めたが、イエズス会宣教師の資料などによると、この屛風絵は慶長元(1596)年以降の様子を描いたものだと思われる。その根拠となるのが城の北側に設けられた「極楽橋」という橋である。

屛風絵のなかでは望楼を載せた屋根つきの橋として描かれており、鳥や樹木などの彫刻で装飾されている。そして、内部は黄金に彩られ豪華絢爛《けんらん》の輝きを放っている。まさに秀吉好みといってもよい奇抜さを持った独創性の高いデザインである。慶長元年の宣教師の報告書「1596年度日本年報補遺」にも、極楽橋に対する彼らの驚きが記されている。

その特異なデザイン性を持った極楽橋は、大坂城の北側に架けられ、城の北面を表玄関とするシンボルであった。大坂城創建当初の正面は南側で、豊臣家滅亡後の江戸時代に西側の大手門が正面とされた。したがって、北側を正面としたのは極楽橋が存在した、まさに豊臣家が栄えた時期のなかでもきわめて限られた黄金時代ともいえる期間であったという。

そうした時代の推移と、大坂城と極楽橋、そして当時の城下が大いに繁栄する姿が読みとれるこの屏風絵の存在がいまに伝える意義には興味が尽きない。

さて、この屏風絵にはいくつかの興味ある点が見受けられる。その一つは、この絵は北側から望んだ形で描かれていることである。一般的には日の当たる絵になりやすい構図をとることが自然なのであるが、この屏風絵は多分に天守閣と極楽橋を最重要視するために、あえて北側を正面にしたのではないかと思われる。

さらに、こうした屏風絵の風景は、実際の距離や寸法とは大きく異なる場合が少なくない。それらを日本独特の絵画の表現方法である「金雲法」や「煙雲法」ともいわれる手法でデフォルメしている。大坂城を中心に南は堺市、北は宇治平等院に至るまでの世界が描き込まれていることは驚きである。

当時の豊臣家の繁栄と権力の大きさを示すものであろう。改めて、この屏風の発見の意義に感謝したい。

技術的裏づけと生産システムの構築

2016年
11月16日

韓国サムスン電子のスマートフォン「ギャラクシーノート7」の発火事故は、想像以上の衝撃を世界に与えた。同社は2010年に発売したスマートフォン「ギャラクシーS」以降、アップル社のiPhoneを抜いて世界シェアのトップに立ったが、この事故の影響で同社のIT部門の2016年7~9月の業績は前期同期よりも96パーセント減の壊滅的事態であるという。

この問題の最大の原因は、アップル社との競争に対して短期的な勝負を挑んだ結果であるといわれている。目標の早期達成のため、個々の部品の性能検証とトータルな製品としてのシステムの整合性の検査を十分に行わなかったことが、今回の問題を引き起こしたのではないか。

部品の供給は韓国国内業者が大半を占めるなか、日本のメーカーも参加しているといわれているが、そうした部品をアッセンブルするシステムとマネジメントが問題を引き起こしたことは容易に分かることだ。

建築業界も同じような構造を抱えている。建築生産の部品はそれこそ数十万、規模によっては数百万以上の数に及ぶであろう。そして、工程ごとに役割を担う、いわゆる下請けの施工業者も少なくない。そうした生産工程では下請けの施工は個別の責任となり、全体を視野に入れた性能・機能チェックはほとんど連携されていない。「結果良ければすべて良し」の類なのだ。

その意味では、今後の建築生産が大きく変わることは必然である。職人や労働人口の減少は不可避であるため、高品質な性能を満たすためにも工業化、ロボット化、ITによる管理などが必要になるのはいうまでもない。

そのためには、ＢＩＭ（ビルディング・インフォメーション・モデリング）による設計図書やドキュメントの制作をはじめ、各製品の性能や組み合わせの適性など多くを集合させるアッセンブル体系のあり方も変わる必要がある。３Ｄ模型製作も検証過程においては重要なプロセスとなるであろう。そうなれば、建築生産システムは今後ますますその複雑さを増すことになる。それゆえ、マネジメントのあり方が問われてくる。部材の均質化などの研究を深化させることは、システムの構築とあわせて不可欠である。

建築に限らず、複雑化する生産工程でのマネジメントは、異質な要素や部材同士のジョイント問題を踏まえながらトータルな全体像を描くことといってもいいだろう。接続のアイデアこそが建築構成、建築哲学の本質を生み出すことのマネジメント能力そのものなのである。

ギャラクシー問題も原因は定かではない状態だが、ことは部品の性能確認や接続の問題に帰着するのではないか。仮に部品の個別の性能が担保されても、さまざまな部品を接続して全体の構成システムになると、想像だにしなかった問題が発生するおそれがあることは経験的にも予想されてしかるべきだ。

しかしながら、一品生産である建築では全体システムとしての確認、検証は困難である。まず部材そのものの検証に加え、いくつかの部材の集合体であるコンポーネントを工場生産化して確認、検証をしやすくする。そのうえで全体を組み立てる階層的な生産システムの構築が不可欠だろう。

五輪開催への意見書

2016年
11月21日

2020年の東京オリンピック・パラリンピック開催決定後の迷走ぶりには呆《あき》れたものだが、なぜこのような事態になったのか。

単に日本や東京の事情ということだけではない。例えば、開催国や開催都市の経済成長に寄与することが大きな期待や目標にもなるなど、オリンピックそのものの意義が拡散し、憲章に掲げられた目的とはかけ離れた方向になり始めていることはもはや言をまたない。

東京オリンピック・パラリンピックの開催が決まった理由は、既存施設の利用も含めてコンパクトなエリアで運用する効率性がその一つであった。東京ならではの特色を反映したものだったが、時間がたつにつれ、その趣旨は個別のさまざまな思惑や利害によって歪められ、今日の迷走が始まったのである。それぞれの理由の是非を並べても結論を導き出すことは到底できない。

問題は先にも示したオリンピックの意義が薄れ始めているということにあるのではないか。今日のグローバル社会においては政治、経済はもとより、世界各地の文化、芸術、そしてスポーツに至るまで、テレビやネットで誰もが好きなとき、好きな場所からその様子が見られる時代である。

当然、スポーツに参加する選手も、いまや世界各地で競技ができる環境で日々を送っている。サッカーなどを見れば分かるように、スポーツの大会が世界的にネットワーク中継される状況も日常化している。こうした現象は他のスポーツでも同様だ。

要するに、もはや4年に一度開催されるオリンピックの意義は、薄らぎ始めているということではないのか。オリンピック開催の条件を満たす客席数の確保などを前提とする施設づくりは、その後の利用状況を考えてもまったく意味がない。

現代のテレビなどの普及状況をみれば、もはやオリンピックがスタートした時代に比べてあまりにも状況が変化したことは明確である。施設の価値を残すレガシーという言葉も今日的関心や時代を反映するものではない。

1964年の東京オリンピックの時代とも今日の状況は大きく異なっていることを考えてみれば理解できよう。丹下健三設計の国立代々木競技場や駒沢オリンピック公園は、たしかに世界に誇れるレガシーだといえるだろう。しかしながら、そうしたレガシーという概念がいわれる時代は過ぎ去ったとまではいわないまでも、すでに相対化されている。むしろ興味や関心は競技の中身、すなわち選手の能力、記録や個性にある。本来、スポーツはその内容がすべてなのだから。

こうした迷走と混乱は東京オリンピック・パラリンピックに限ったことではない。現代社会に向かい合えるオリンピックとは何か、いま一度立ち止まって考える時期ではないか。4年ごとに膨大な費用と労力をかけて世界各地でオリンピックを開催することは終わりにすべきと考える。

仮にオリンピックの意義を残すのであれば、原点に戻ってオリンピック発祥の地であるギリシャ・アテネで同じ施設を使い続けながら開催するほうが望ましいのではないか。その費用については各国が役割を決めて支援すればいい。

これはオリンピックの将来のための一つの意見書である。

ポピュリズムと現代（建築）の相克

2017年
1月10日

世界がますます混沌《こんとん》としつつあるようだ。ＥＵ（欧州連合）各国での反体制化、反既成政治の流れが加速している様子が改めて顕著になったからである。

例えば、２０１６年暮れのイタリアでは国民投票で上院の権限を縮小する憲法改正案が否決され、レンツィ首相が辞任した。他の各国でもＥＵ統合に対する批判勢力が台頭しつつあり、これから選挙を控えているオランダやドイツ、フランスの動向も微妙な雲行きになることは間違いない。エスタブリッシュメントを批判する声はますます大きくなるだろう。

そして、この２０１７年1月20日に就任が予定されている米国次期大統領ドナルド・トランプ氏である。公職経験のない初の米国大統領に対し、米国自身を含めた各国の思惑や周辺国への影響など、不安と期待が入り混じる。トランプ氏は物言えぬ白人労働者のみならず、エリートと呼ばれる高学歴層の支持をもとりつけた。現在、一部では現実路線に舵を切りつつあるが、いまだ世界各国はトランプ氏の発言や動向に一喜一憂している。

声なき大衆の声が国や世界を動かす

世界はトランプ氏に何を見ようとしているのか。なぜこれほどに世界が動揺しているのだろうか。こうした現象はＥＵ離脱を敢行した英国の状況と酷似している。ＥＵ加盟国としての責務を果たそうと市場ばかりか、国境さえも開放したため、移民労働者が急増して既存の労働環境を圧迫し始めた状況に、物言えぬ英国の労働者があげた声が、ＥＵの離脱だったのである。

こうした現象は必ずしも欧米だけに限られたものではない。フィリピンや韓国、そして日本でも大衆の声のどよめきが国(都市)を動かすという事態が起きつつあり、これらは世界的な現象となりつつある。また、最近のロシアの動向も世界の複雑化を加速させる一方である。

その最大の原因はグローバル社会の進展であろう。フランスの経済学者トマ・ピケティが指摘したとおり、格差社会はもはや避けがたいほど肥大化している。政治や行政がこの格差を改善させてくれるという見通しをいっこうに持てないままに今日があるという状況のなか、マイノリティだけではなく、サイレント・マジョリティも選挙という匿名の制度を通して表舞台に立ったのである。とすれば、これこそが大衆社会の声なのであろうか。

グローバル化が大衆社会を拡大

スペインの哲学者オルテガ・イ・ガセットが『大衆の反逆』(1929年)で指摘した大衆社会のあり方が思い出される。産業革命後、社会はエリートの支配から脱して近代市民社会が生み出され、大衆社会が出来上がってきたのであるが、オルテガの慧眼《けいがん》は、人間というものの本質は大衆やエリートという階級の違いにあるのではなく、むしろ個人のパーソナリティの違いによって生み出される「生の理性」の相違にあると見抜いた。

「生の理性」とは、個人の生を高めていくような理性のあり方である。自己の欲求や権利のみに走り、社会に対する義務や高貴な振る舞いを欠いた人間を大衆と位置づけ、一方のエリートたちについても偏狭な専門家として現代の野蛮的人種とし、どちらもそれぞれに差異を持ちながら社会に存在すると批判し、20世紀という時代の到来を示したのである。

そうした大衆の力に媚び、あるいは、それを利用して権力を行使する姿勢が大衆迎合(ポピュリズム」であろう。しかしながら、21世紀のグローバル社会が20世紀型の大衆社会という構造を大きく変えてしまったことに注目する必要がある。経済格差が生み出す貧困層の拡大化が進む以上に、大衆社会という構造の拡大化が進んでいる。すなわち、グローバル化の進んだネットワーク空間が大衆をつなぎ、サイレント・マジョリティの台頭した社会が出現したのである。

大衆迎合はサイレント・マジョリティにより変質した多数派社会を意味するようになった。それほどにグローバル化やＩＴの進展が世界の構造を変えてしまったのだ。批判的にいわれた大衆迎合それ自体の意味や状況が大きく変化しているのである。もはやポピュリズムという言葉の意義は、多くの市民の声の反映として歓迎すべき存在であるように解されているのではないだろうか。異常な事態であるが、それが現在なのであろう。

社会に対する責任の不在

オルテガのいう「生の理性」から逸脱し、専門家も知識人も労働者も新たなグローバル社会に飲み込まれつつある状況にあり、エリートですら立場がいつ失われるかわからない恒常的な危機的状況に置かれ始めたのである。それは英国のオックスフォード辞書が２０１６年の言葉として選んだ「ポスト真実(Post-Truth)」という言葉にも表されている。客観的真実が重要視されず、感情的訴えかけのほうが世論形成の武器になるという意味である。

さて、そうした現代社会は都市や建築に何を問いかけているのだろうか。少数のエリートが権力を行使するだけでは、うまくいかない状況が日常化している。エリートたちも大衆の前に沈黙して、発言者や権力者にもなれないサイレントの集団に組み込まれ始めたのである。

その結果、誰もが社会の展望や未来に関心を持たないまま、さらには持つことができぬまま、社会に対する信頼が不在の社会を生み出すことになったのである。物言わぬ社会の出現である。誰にも決められない社会、誰も責任をとらない社会が生まれているといえるのではないだろうか。

意志が存在しない現代社会

トランプ氏の出現はポピュリズムが背景にあるといわれているが、本質はそうではない。トランプ氏でもクリントン氏でも、どちらに転んでも期待を持つことはできないという「選べない」選挙の結果でしかない。サイレント・マジョリティたる有権者たちは責任をとることを考えないのだ。さらにいえば、豊洲市場問題も新国立競技場問題もすべては同根である。

関係者や当事者が不安やリスクを抱えていても、国民の多くにとってはどうでもよく、関心はポピュリズムに応えるコストやプロセスの不透明さにだけ向く。ただ踊らされているだけだ。都市や建築を生み出す必然の流れに意志の存在がない——真実の不在ということ自体が、現代社会の異常さを示している。誰も何も言えないのではない。誰も何も言わぬ社会の出現なのである。

都市や建築の評価はどこにもない。そんな社会に誰が住むというのか。問いかける矛先すらも定まらない。いまや社会に向き合い、社会の要請に応えるという建築の本質的、本来的なテーゼは不毛となってしまったのか。

ラスト・ワン・マイル

2017年
2月10日

日本での外国人、特に中国人による「爆買い」が２０１６年から急速に失速し、それを当て込んでいたデパートや小売店は戸惑いを隠せない。単に経済的な要因ではなく、商品の入手手段が大きく変化し始めた、というのがその大きな理由である。

２０１６年末、中国を訪れた際に驚かされたのは、大学や事務所ビル、巨大団地などで「宅配トラック」が列をなして並んでいる姿であった。トラックは中国のみならず、いまや世界最大の流通企業となったアリババ集団のものだった。

そのほか、タオバオワンなど、想像を超えた勢いで市場が拡大しつつある。その勢いは最近の数字にも顕著だ。アリババの２０１６年の10～12月期決算では営業利益が前年同期比66パーセント増の２０７億元（約３４００億円）であったという。

アリババが今後さらに時代の要請を受けて、ビッグデータの活用などにより新しい小売りビジネスを誘導していくといわれているのは、中国の国土の広がりとマーケットの巨大さを考えれば必然の流れだろう。

日本でも高齢化社会と関連して、宅配サービスに大きな需要が予測されている。とりわけ地方の過疎地では宅配サービスによる食料調達、物品購入などのような日常生活を支援するシステムがなければ、地域社会が成り立たなくなり始めていることもたしかだ。テレビ通販も大きな役割を果たしている。

しかしながら、手にとって確認しなければ安心できないという気質があるからか、日本の状況は遅れているともいえよう。それでも、日本でももはや後戻りはできないほど事態は変化している。ネット通販が小売店のあり方を変え、例えば、百貨店は消滅していく可能性すらある。見本市のような展示システムが新たな市場を形成することも考えられる。

さて、ここで重要なことは「ラスト・ワン・マイル」の問題だ。主に情報通信の世界で事業者と利用者をつなぐ最後の区間を意味するが、それだけではなく、販売というサービスにおいても商品が顧客に到達する最後の区間をそう呼ぶ。インターネット通販という仕組みにおいては、このワン・マイルをどう縮めるかがネックになる。

しかしながら、どれだけネットワークが張りめぐらされても、商品が届くところには人がいて、そこには場所(空間)が不可欠である。あくまでも人が受け取ることが必要なのである。

ネット通販は驚くほど進化しつつある。商品の確認や仕分けなど、さまざまなニーズに対し、ビッグデータやIoT(モノのインターネット)が威力を大きく発揮している。それでも、その先にあるのは最後のステップである受取人、すなわちヒトとの接触であり、その方法こそが重要である。確認し、正しい品物であることを当事者が確認する。

40年ほど前に書かれた米国の社会学者ジョン・ネイスビッツの『メガトレンド』は今日の状況を的確にいい当てている。ネイスビッツは、未来のハイテクな社会にはその進化が深まれば深まるほどに、ヒューマン・タッチという人間への回帰が求められるといっていたが、まさにそうした現象が通信や物販の世界に起こり始めているのである。

企業のガバナンスと成熟社会

2017年
2月22日

日本企業が次々に失墜している。ソニーやシャープなど、日本の産業をリードしてきた大企業がことごとく世界戦略のなかで失速し始めている事態に憂慮を禁じ得ない。そして、さらに「東芝よ、お前もか」という事態が出来《しゅったい》した。日本を代表する電機産業の雄が次々に失墜し始めたことに驚くと同時に、今回の件を見て企業のガバナンスのなさに呆《あき》れるばかりである。

東芝は、2015年に会計の不祥事が発覚してから、立て直しに向けた経営の再生シナリオを実行に移し始めていた。その矢先に今回の問題、つまり原子力部門の巨額損失が発覚したのである。原子力部門の子会社米ウエスチングハウスによる買収に不適切な行為があったという内部通報により決算発表を延期した。巨額損失により存続が危ぶまれるなかで、さらにガバナンスの問題である。

これからの日本の産業も、グローバルに生きる手立てを考えることは避けて通れないが、経営戦略の決断は容易ではない。時代の変化やデリケートな進路の検討、決定は現在の企業ガバナンスの主要な柱となっている。もはや他にない特色を求めてのM&A（企業の合併・買収）などが優先される時代ではない。それゆえ、ガバナンスの歪みが企業戦略の見直しや機敏な対応力を失わせる原因にもなるのだ。

そして、こうした企業の「過ち」の結果は単に一企業の破綻《はたん》で終わることはない。場合によっては街や地域社会の破綻、さらには日本の産業構造へのダメージなど計り知れない影響が出る。すなわち都市基盤の喪失につながる問題になる場合もあるということだ。企業城下町という言葉があるが、その城下町が消失してしまうのである。トランプ米大統領を強く支持したのは米国の基幹産業である自動車の町デトロイトをはじめとするラスト・ベルト地帯の労働者であった。疲弊した彼らの叫び声が、ある意味で歪《いびつ》な大統領を誕生させることになったのである。

それを政治の問題として単純化するのか、あるいは民間の企業の問題なのか、容易にはいえないが、共通していえることは、組織としてグローバル社会に生きるには時代の変化を機敏に読み解き、さまざまな角度から検討し、優れたガバナンスを行使できているかということではないだろうか。

いま地方都市の再生が謳《うた》われてはいるが、単に近代化の流れに沿った雇用を生み出す企業の誘致という短絡した発想からでは、同じような轍《てつ》を踏むことになりかねない。企業の破綻は都市を破綻させてしまうからだ。とりわけ多くの企業の集積のない地方都市では顕著にその傾向が表れる。

現代社会という途方もなく怪物化したグローバル社会を生き抜くために、われわれは何を変え、何を時代に生きる指標とすべきなのか。まちづくりにかかわる立場からしても大きな問題であるが、そうした近代化の力に頼る都市のあり方ではなく、成熟社会に向き合った発想が問われているのである。

東芝をはじめとした一連の企業の問題は、都市や建築のあり方にもかかわってくる。グローバル社会とそこに生きる企業のガバナンス能力が試される時代である。

企業の公共性

2017年
5月10日

いまや私たちを取り巻く環境が大きく変わり始めているが、いままでのさまざまな境界が崩れ、それぞれの領域が拡大し、重なりあう現象が多くなった。その一つが法的な枠組みを緩やかにする規制緩和である。

例えば、最近話題になっている電力自由化などだ。独占的な事業を他の企業などに振り分けることで、リスクの分散や競争によるコスト削減意識の醸成《じょうせい》、ひいては利用者の利便性の向上など、開かれた事業のあり方を進めていこうとする動きである。

経済産業省も電力やガスというエネルギー供給の独占状態を排して、燃料の調達や発電から小売りに至るまでの「垂直的統合＝独占」は時代遅れであるとして、機能別再編が必要であるとした。特に注目したいのは、一般家庭への電力供給でも価格競争が起こり始めたことである。

こうした業界の機能別再編は、国土交通省所管の建築界にも広がりつつある。確認申請や検査機関の民営化、公共建築における専業設計事務所が業務を独占することについてのあり方など、枚挙にいとまはないが、そうした再編に伴ってさまざまな齟齬《そご》が出るケースも見受けられる。

電力も建築も公共的性格が強く、その社会的使命はたいへん大きいが、長年の独占により、例えば、癒着や新規参入者の発展の阻害などといった弊害は否めない。多様な競争力を導入することは世界の潮流であるばかりか、何よりも事業そのものが活性化することはたしかであろう。閉鎖型社会では世界に開かれないからである。

しかしながら、競争力の激化は一方で事業の公共性や公益性を損なう場合もある。コスト重視の歪みを起こし、長年にわたって積み上げたよき習慣と伝統を毀損《きそん》しかねない。さらには例えば、東芝のように子会社ウエスチングハウスの破綻《はたん》によって、本体までもが大きな損失を招くといった事態が起こる。倒産という事態に発展する可能性すらある。

もちろん、そうしたリスクを回避するためにさまざまな段階でのチェック機能が必要になる。しかし、このチェックのバランスが難しい。過度に厳重なチェックを行えば民営化や機能分散は遅延を起こし、再編の有効性が後退しかねないからである。何のための民営化、機能分散なのか怪しくなる。

社会生活の基幹を司る公共的機能の使命をどのように果たしていくか。それは、ある機能について開かれた民主的社会にフィットさせながら競争原理を働かせ、さまざまなソフト・ハード面での優位性を担保したうえで、社会の発展に対してどのように寄与できるのかを指標として描くことに帰着するのだが、そうした最適解を組み込んだシステムの構築が必要になろう。

それには何よりも民間企業が「適正な利益」を計上できるかにかかわってくる。利益が出ない企業は当然ダンピングをする。それを防止するためには、企業の経営監査を徹底的にチェックするしかない。後は企業倫理に任せるだけだが、企業の公共性は「企業倫理の核心」である。それを失えば企業の存続はあり得ない。

独占からの機能分散、自由化は必然であるが、議論はいまだ十分には深められていない。

サービスの時代が見えてきた

2017年
5月19日

デフレ脱却が叫ばれだしてから、何が変わったのであろうか。モノが売れない時代であるといわれる。大型デパートでは売り上げの減少により閉店、撤退するところも出てきた。

日本の人口減少や高齢化などの背景があるにしても、実質賃金も上昇する傾向にはなく、消費支出も減少を続けており、人々の購買意欲は高まっているとはいいがたい。来日外国人による「爆買い」などの一時の売り上げの伸びは、今後はまったく見込めるはずもない。

世界貿易機関の発表によると、２０１６年のモノの貿易額で中国が米国に抜かれたという。輸出額では8パーセントもの下落である。いままで中国は人件費の安さと周辺および新興国の未成長もあって、成長を独り占めにしてきた感があったが、その傾向は逆転し始めてきたようだ。あきらかに中国の市場独占率は低下しつつある。

しかしながら、それは中国だけの問題ではない。世界のモノの貿易量の伸び率は前年比１・３パーセントと鈍化、貿易の伸び率が経済成長率(前年比2・3パーセント)を超えなかったことに驚きを隠せない。

こうした事態は何を示しているのだろうか。一概にはいえないが、モノにこだわる価値観が遠のきつつあるということではないだろうか。モノが売れない時代といわれて久しいが、新興国の成長も一つの原因だろう。自国の生産技術が向上すれば、輸入に頼る必要がなくなるからだ。

しかしながら、中国の現状をみれば、それ以上に世界の経済構造が大きく変わり始めたことを示しているのではないか。すなわち、グローバルな時代の象徴として人間の生き方の軸足がモノではなく、サービスという価値観へシフトし始めたということを示しているのではないだろうか。このことは人類の歴史からみてもきわめて大きな変化である。

ヒトとヒトのコミュニケーションを多様にし、絆を深め、生活を楽しむことへの変革である。自然と都市の関係を再構築して、新たな暮らし方、社会のあり方にも言及する必要がある。社会を動かすためには経済活動が伴うことは必須であるが、その経済活動がサービス型に大きく変化することで、サービス自体にも新たな形が模索され始めている。それこそＡＩ（人工知能）の力を借りたグローバル社会に生きる方法があることは間違いない。

グローバルにヒトが動き、交流することによって新たな出会いが起こり、社会に活力が生まれ、カネが動く。モノの生産量が減少するということは、ポジティブにみればエネルギー消費が減少することでもある。エネルギー源が石油や石炭から再生エネルギーに代われば、そして循環型社会にシフトしていけば、事態はさらに変化するだろう。

世界経済を見据えながら自国の経済を円滑に動かすには、開かれたグローバリズムを受け入れつつ、保護主義的にではなく、国内に向けたサービス業の活性化を図る必要がある。

両者併用の視点はきわめて重要である。政治がその運用を見誤ることのないよう心がけることは、これからの課題である。モノを所有するという社会構造からの離脱は、新たな時代の幕開けに違いない。

農耕社会そして定住、ノマド

2017年
5月23日

東日本大震災の被害はいまだ記憶に新しいが、福島第一原子力発電所の事故による放射能汚染によって、住みなれた土地や家に戻れぬ日々を送っている人々の思いはいかばかりか。故郷を捨てざるを得ない事態に追い込まれているのだ。

国の原子力政策と地震列島日本のはざまで翻弄《ほんろう》されている状況は、単に悲劇というだけでは済まされない。住みなれた土地を離れるということが何を意味するのか。例えば、地方で起こっている限界集落の問題もある。人がいなくなることと定住性とはいかなることなのか。改めて、多くのことを考えさせられることになった。

故郷という言葉には「生まれ育った土地」であるという意味もあるが、「かつて暮らしたり、行ったりしたことがある土地」という意味もあるようだ。前者の意味のほうが一般的ではあるが、生まれた場所なのか、育った場所なのかの差異はさほど大きなものではないようだ。

言葉は時代とともに変質する。故郷という言葉も同じである。いまや古くからの住宅地であっても高齢化や相続の問題、また産業構造の変化による働く場の喪失などで、同じ土地に住み続けることは困難になっている。

いわゆる故郷をもつことが可能だったのは、多世代居住という構造が成り立っていたからで、核家族が多い現代社会とは大きく異なっている。例えば、賃貸マンションなどに幼年期から永続的に住み続けることはまれであろう。

流動する社会構造のなかでは、もはや故郷という概念は失われ始めている。老後に新天地を夢見て居住地を海外に求める人も少なくない。定住することにとらわれない生活が日本の文化にも定着しつつあるのである。

日本の社会構造も定住型農耕社会から決別して久しく、もはや工業社会の先へと変化している状況にある。したがって、現代社会においては定住型の固定的なコミュニティ(地域社会)の形成は困難になる。入れ替わりを受け入れ、変化し続ける「アドホック型コミュニティ」のなかに生きることになる。これをわれわれは〝ノマド〟と呼ぶ。

そうした考えでいけば、福島を離れた人たちが帰還することの容易でないことは明白である。決定的な事件が原因であるにせよ、すでに新たなアドホック型コミュニティのなかにいる人が故郷に戻ることは、よほどの事態解決が図られなければ不可能に近い。働く場所や仲間の存在がなければ、そこに戻りたいという意識は生まれないからである。

また、海外に目を向ければ、自然災害だけでなく、内戦やテロ、迫害、あるいは経済的問題などにより、定住すること自体が困難になり始めている。もはや現代人にとっては、現在生きている場所こそが、その人の「故郷」といっても過言ではない。住めば都と考えるしかないのだ。それは変化する社会に寄り添って生きるということでもある。

流動し、変遷する社会に生きるということは、まさにノマド的に生きるということである。現代社会の不安定性、過酷な状況が現代人の生き方を暗示している。それは現代人が背負わされた宿命のように思われてならない。

ネット通販と都市・建築

2017年6月27日

以前も取り上げた中国のネット通販事業「アリババ」の拡大には驚かされたが、日本にもその波が押し寄せてきたようだ。既存の物販店が次第にその勢いに飲み込まれつつある状況には目を見張らされる。米国の状況を見ても、時を同じくして「お前もか」という思いでいる。

米国の巨大スーパーマーケット「ウォルマート・ストアーズ」が全米の店舗のうち約160店舗を不採算のために閉鎖するという。あの、何でもありの米国の消費の姿を象徴する世界最大の売り上げを誇る巨大小売業の一角が崩壊し始めたのかという思いが去来した。

筆者は幾度となく、米国の成長と発展は消費活動の成長と大きさにあるといい続けてきた。その代表格がウォルマートであった。米国アーカンソー州の小さなディスカウント・ストアから出発し、世界の小売業を制覇してきたのである。日本の大手スーパーマーケットである西友も傘下であることは有名である。

ウォルマートは、米国の飽くなき消費活動の象徴であった。ウォルマートが都市の勢いや存在そのものを表していたといっても過言ではあるまい。そうした象徴的な存在の一角が消滅するという事態は、何を物語っているのだろうか。

米国にとっては、都市や建築の消滅を意味するような事態を表しているのではないか。ウォルマート撤退による店舗（建築）の消滅は、雇用や顧客という都市活動の要を喪失することであり、多少大げさにいえば、現代の消費型都市の消滅を示すことにもなるだろう。

その消滅の最大の原因は、まさに先にあげたアリババやAmazonなどのネット通販の拡大にある。世界中に拡大したネット通販の流れは、世界最大の企業でさえも制御不可能な状況に追い込んでいるのだ。

日本でいえば、かつて消費の花形であった百貨店が危うくなり始めている。ネット通販の拡大が止むことがない以上、時間の問題といってもいいかもしれない。かつて日本の大都市における消費の拠点は大型店舗を構えた百貨店で、それがいわば都市のシンボル的存在だった。

そうした消費を司る要であり都市のシンボルでもある建築がもし消滅したら、それに代わる存在とははたしてどんなものなのか。再び小さな小売店舗が勢いを取り戻すことになるのか。その未来の姿はなかなか予測しがたい状況であるが、そこには人間の利便性への飽くなき欲求がある。より早く、安く手元に届くというサービスの頂点に近づき始めている。人間の怠惰という、いま一つの要因が人間の高齢化とも連動しつつ、ネット社会という現実についてわれわれは問いを投げかけられた状況にある。

利便性という方向へ極端に突き進むのか、それとも魅力的な建築空間に支えられた都市の存在に関心を抱くのか、インターネットの出現は、私たちに都市のあり方にまで迫る課題を突きつけているのである。

欲望と利便性に人間の関心を向け過ぎることになれば、ネット社会は都市という形式を崩壊させかねない。ウォルマートの衰退は、われわれの行く末を暗示しているかのようである。

II

都市・建築への眼差し

設計プロポーザルと審査

2014年
7月9日

公共建築の設計者選定では簡易な提案を求めるプロポーザル方式が日常化しているが、その本来の意味が次第に薄れ、機能不全になりつつある。多くの健全な建築家はそのように感じているのではなかろうか。

国や自治体のプロポーザル方式導入の趣旨は、コンペにおける提案者の負担を軽減し、提案の趣旨と姿勢から、提案者への期待値を求めるものだったはずだ。その趣旨が順守されているケースもあるが、大方はその枠組みについて明快とはいえないのが現状である。

さらに問題は、審査委員の構成と決定方法にある。審査委員は行政の職員に加え、外部の学識経験者(多くは大学教員)の入った混成部隊で構成される場合が少なくないが、いずれも定められた審査項目に沿って評価した結果(点数)の集計(合計点)によって採決される。これは一見、公平性が担保されているようだが、審査委員の主体的立場や責任という観点はまったくといっていいほどに抜け落ちている。審査委員は単なる「審査における歯車の一つ」でしかないことになる。

コンペやプロポーザル方式の難しさを指摘してみたが、一方で独自の文学賞として有名な「Bunkamura ドゥマゴ文学賞」の審査について述べてみたい。この賞はフランスで1933年に創設された「ドゥマゴ賞」に由来している。パリ・サンジェルマンのカフェ・ドゥ・マゴの常連客であった13人の画家や作家などが集まって自主的にお金を出し合って生まれた文学賞で、まったく既成の概念にとらわれることなく、文学に関する幅広い領域を対象として、独自の視点で作品を選ぶという形式が最大の特徴である。

その趣旨に賛同して1991年に創設されたのが日本の「Bunkamuraドゥマゴ文学賞」だが、さらなる特徴が選考委員は毎年一人というものである。例えば、第1回の受賞は山田宏一氏の『トリュフォー　ある映画的人生』であったが、そのときの選者は蓮実重彦氏である。また、2013年の第23回の受賞は俳人である恩田侑布子さんの『余白の祭』で、そのときの選者は日本の代表的思想家であり評論家である松本健一氏というように、選ばれる側以上に選ぶ側の見識と責任が厳しく問われることになる。

むろん、建築と文学を同列に比較できないが、選者の視点と責任が明確に問われるという点は、共通していなければならないはずである。

建築の世界でもアンビルト・アーキテクチャーの分野では、一人の審査員によって選ばれるという形式もなくはないが、公共建築でも一人の審査員ということが困難であれば数人でもいい、審査員の見識と責任ある立場を明確にする必要がある。何を審査し、何を問題にしたのか、こうした採点の根拠が明確に示されるべきなのではないのか。

評価項目の合計点で決めている現在のプロポーザル方式を見直さなければ、いつになっても利用者に対する責任（公共建築としてのあるべき姿を問うこと）の不在が後を絶たないことになる。何度となく投げかけられてきた疑問だが、こうした審査が常態化している現状にあえて意見を申し述べる。

世界の京都

2014年
7月14日

2014年、米国の旅行雑誌「トラベル+レジャー」の人気都市ランキングで京都市が1位になった。2位の米国のチャールストン、3位のイタリアのフィレンツェを超えて、トップに立ったことの意義は大きい。2013年の1位はタイのバンコクだったが、欧米の関心と興味がアジア、そして日本に向かい始めたという思いが深くなってきた。

日本文化としてはクールジャパンに示されるように、アニメやコスプレなどの若者文化がすでによく知られているが、歴史的な都市空間や文化として、ファー・イーストである日本の京都が欧米の関心を集めだしたことに、やっと世界は変わり始めたのだという感慨を持ったのは筆者だけではないはずだ。

明治以降、日本人、そしてアジアの多くは「西洋的世界観」に物的環境はむろん、価値観や世界観、精神的な拠《よ》りどころまでも託してきた。一方ではさまざまなコンプレックスを抱きながら、自らのアイデンティティを示そうとしてストラグルしてきた。しかし、そのストラグルから、グローバル化が進むなかで西洋でもなく、東洋でもない価値観、世界観を持つ必然が問われ出したのである。

西洋でも第1次大戦を境に、西洋中心の世界観が次第に薄れ始めた。1918年にはドイツの哲学者シュペングラーが著書『西洋の没落』によって、それまでの西洋的世界の終焉《しゅうえん》を世界に警告し、米国とロシアの台頭を予言したが、そこには日本の存在はなかった。

その後、20世紀後半には日本の経済的隆盛が世界を席巻し始め、米国の社会学者エズラ・ヴォーゲルが『ジャパン・アズ・ナンバーワン』を著し、経済大国日本の名は世界にとどろいた。

こうした日本の経済的成長が逆に欧米のコンプレックスを刺激したのか、日本人をエコノミック・アニマルと呼び、その住宅を「ウサギ小屋」とも揶揄《やゆ》したように、日本の文化や都市の伝統的価値や魅力は、まだ西洋的価値観のなかには、それほど浸透していなかった。

しかしながら、グローバル社会はアジアの存在抜きには語れなくなってきた。欧米やロシアの後退に対し、アジア勢の勢いが世界に浸透し始めたからである。グローバル社会の浸透は、西欧中心の世界観から、国家という枠組みではなく、むしろ地域に根ざした歴史的遺産や文化に真の関心を示しだしたのである。

それが例えば、京都という場所であった。ほかの日本の都市には見いだせない独特な文化的環境をもつ都市として注目されたのである。それは、単に価値観の多様化の結果であるという安易な見方でとらえるべきではない。

世界の中心にヨーロッパが君臨し、すべての関心が集まっていた時代のあとにきたのは米国やロシアに次いで日本、中国の台頭であった。だが、ここにきて都市が注目されるようになってきた。もはや国家という枠組みの権威や力の支配という形は終焉し、都市の時代が到来したのである。

グローバル社会は「新たな価値を見いだす力」を持ち始めたといえるのではないか。「京都という場所の文化的価値」を世界が共有し始めたのである。

「小さい家」考

2014年
10月8日

最近、山奥に「小さな庵《いおり》」を結びたいと考えている。あまりにも激しく動き回る日常から切り離された空間で、執筆や思考するための時間と場所がほしいと思い始めたのである。それほど「人の人生と住まい」について考えることが多くなったということだ。

複雑怪奇な現実の社会と常に対峙《たいじ》して活動している状況から逃れ、一時の沈思黙考、静かな場所を望みたいという思いが働くのか、多くの文人や芸術家、そして建築家はそのための特別な場所を求めることがある。自らの場所の場合もあるが、ときには両親のためであったり愛する人のためであったり、それはさまざまだが、多くの場合、「小さな規模の棲家《すみか》」に表される。

例えば、日本では利休に象徴される茶室の空間に表される。現存する利休の茶室といえば、国宝にもなっている二畳隅炉《にじょうすみろ》の茶室「妙喜庵」があるが、これは戦国時代の一時の精神の安息の場でもあった。

海外では、これも有名なル・コルビュジエの手によるスイス・レマン湖のほとりに建てられた両親のための小さな木造住宅も、彼の愛する両親への思いが投影された優しさに満ちあふれた「小さな家」である。

明治期に建てられた岡倉天心の「五浦《いずら》六角堂」も自らの思索のための空間といわれている。過日亡くなった日本画家平山郁夫のアトリエ兼茶室「寂静庵」にも通じる世界である。とりわけ建築家にはその思いが強い。

このように、精神の休息の場として「小さな家」を求める傾向はいつの時代でもみられるが、とりわけ現代社会における「小さな庵」の存在意義は小さくない。多くの物質に恵まれた成熟社会でありながら、さまざまな雑音と激流に飲み込まれつつある日常から一時の回避を願う心情は、何もない空間だけの「小さな家」に託される。

では、なぜ小さな空間を求めるのか。それはどういうことなのだろうか。その小ささゆえに、果てしなく広がる宇宙への思いを飛躍させられることを意味しているからではないだろうか。

筆者は日ごろ建築の設計活動をしているが、自らが設計した建築空間に浸って宇宙の広がりを意識したり思索にふけったりするのは容易でない。その理由は、多くの人が活動するための空間づくりが社会的意義としっかりと結びつけられているからであるが、「小さな家」は空間というものが多くの人たちのために存在すると同時に、一人の人間のためにも空間としてあることを気づかせるのである。

しかしながら、通常の建築空間がどれだけ小さかろうが、身近な空間体験から宇宙に通じる回路を見いだすことなどできるわけでもない。何もない、ただ「小さな家」の特色は簡素であることだ。それは永続的に住まうわけではなく、ただ瞑想や静寂な時間のための孤独な空間なのである。

ここには自己の精神と対峙《たいじ》する場のみがあるだけだ。煩わしい社会との関係などはここでは取り除くことができる。その意味では「小さな家」は建築とはいえないかもしれないが、それだけに建築の本質に迫っているはずだと思う。

ヘルスケア・シティ構想に期待する

2014年
6月20日

厚生労働省は、2013年度の医療費の総額が39兆3000億円に達したと発表した。介護を含めた保健医療費でみれば、GDP（国内総生産）の10パーセントを超える。いまこの数字をただやみくもに圧縮すべきだとする意見には賛成できないが、この数字の重さは共有すべきだと思う。

ここで問題なのは急速に進みつつある高齢化現象だ。75歳以上の一人当たりの医療費は92万7000円、74歳以下の医療費の実に4・5倍だという。同時に、日本の問題は病院数の7割を占めるという民間病院の多さだ。また入院患者の多さと入院費用の高さにも問題がある。これらは地域や経営形態の違いから、一様に効率化などの目標設定は難しい。こうした状況において、介護施設や病院の数、その経費を議論するだけでは、高騰する医療費の問題解決には程遠いことは明白な事実である。

そこで、建築家や都市計画家が目指すべきことは、高齢化に向かう人々の生活環境の改善である。求められるのは、現在の都市のあり方、生活する環境の再構築だ。個人の自覚と節制も不可欠だが、まず何よりも病気にならない健全さ、快適さをもたらす都市環境の創出である。すなわち、予防医学の推進が図れる都市環境の整備こそが優先されるべき課題なのだ。同時に、行政の縦割り制度の見直しも必要だ。一人住まいの高齢者をなくし、互いに手を差しのべられる環境整備もそうだが、筆者がいう高齢社会に見合った都市環境の整備とは、これからさまざまなレベルでシュリンクする社会構造にふさわしい都市のあり方を、日本にいち早く定着させることである。

高齢者が健康で安心して暮らせる「社会システム」の構築とともに、「新しい都市の形」を構築するのである。具体的には、ほぼ半径1キロメートル圏内に介護施設や病院、公共施設の効率的配置が行われ、多くのボランティアがそれらの施設運営に参入でき、人口が減少した社会にも対応した社会システムと運用の合理性を合わせ持つコンパクト・シティの出現が望まれているのである。

民間クリニックと総合病院、また高度専門病院との連携を合理的に進められる新たな制度設計も重要である。何よりも大切なことは、予防医学的見地に立った社会的啓蒙運動や快適で健康を促進させることができる都市機能の整備である。その基本理念は「健康、教育、文化」という原点回帰の視点に立った従来にない「都市づくり」の理想形である。

その理念を形にするためには、まずコンパクト・シティを構築し、そこに「ヘルスケア・シティ」という概念を取り込み、これからの時代の急激な変化に備えることが不可欠だ。そのプロセスのなかで日本の医療環境を問う必要がある。

医療費高騰を嘆くだけでは問題解決にはならない。この問題には、まさに医療のみならず日本社会の縮図が現れている。国の大きな施策として推進させるビジョンと行動力がいま問われているのである。

冒頭の厚労省による問題点の指摘にとどまらず、日本政府として、そのために目指すべき針路を表明することを期待したい。

建築生産とIT

2014年
11月18日

人材不足が原因であろうか、建設費の高騰が異常である。それは日本の生産年齢人口の減少と産業構造の変化がセットになっているからである。

建設業はいまだに土建業という枠のなかで考えられているのは、建築の現場がそれほど変わっていないことの証明なのだろう。穴を掘り、やぐら(鉄骨)を組み、外壁や床をつくり、という具合に建て方の基本は変わらないばかりか、職人もそれぞれが職方として機能し、請負い(元請け)が総合マネジメントをするという構図も基本的には変わらない。すなわち、人の手による作業がその大半を占めているのだ。

部材の工場生産化による生産体制はかなり進化し、合理的生産体制と製品のクオリティは高まりつつあるが、大型建築の現場では、いまでも延べ数百人の投入はあたりまえで、ときには何千人にものぼる。ハイテク建築であっても、人の手仕事によって成り立っているのである。

日本の産業界はさまざまな分野でロボットにより手仕事からの解放を実践し、さらなる模索が試みられている。商取引や情報産業の分野でもすでに高度なロボット開発と活用に関して積極的な動きがある。

建築業界はどうだろうか。現場でのロボット導入の姿は数少ない。人手から解放された現場の風景にはまだ遠い。

設計界も同様に立ち後れている。IT化が時代の流れのようになりつつあるなか、BIM(ビルディング・インフォメーション・モデリング)などを導入しているが、それはいまだに単なる設計ドキュメント作成の手段でしかなく、建築の総合的設計手段には程遠い。

製品開発の分野では、いまや3Dプリンターによってアイデアが直ちに形になるところまできている。建築の世界でも海外の設計者が入力したデータを3Dプリンターによって立体化し、建築の部品化を試みるなど、さまざまなロボット化の流れを進めている。

建築生産は初期段階から、設計行為、また施工段階と、そこに関係する業種や業態がことごとく異なっている。その自立性を重んじるあまり、一連の流れに合理性を与えることは困難なのだが、IT化とは本来そうした困難さを取り除き、一連の流れの無駄を省き、その結果、さらに高い品質を生み出すことを支援するものだ。

設計から工事、そして維持管理までの建築の包括的な流れが一元化されることが、IT化に求められる目標である。BIMはそのなかできわめて大きな役割を担う。そしてロボット化へと導く役割を持つ。しかしながら、重要なポイントについては、人間の頭脳をフル活用させる体制が求められているのである。

なぜ、建築業はそうした世界に足を踏み出さないのか。いまだその根底には人手と職人技が幅を利《き》かす世界観がまかり通っているのではないのか。職人技が必要ならば、部品化による生産体制に組み込めばいいわけで、現場のなかにそうした職種を投入する必要などまったくない。それは、従来の建築の枠組みさえも変わることが求められているということでもある。

したがって、設計のレベルでもこうしたことが問われるのは当然なのだ。何が必要で何を守らなければいけないのか、そして変わるべき対象は何であるのかを見極めつつ、新しい環境に生きる方法を身につけて、新たな時代を切り開いていくことの重要性を、ITを通して喚起したいと思う。

空間としてのバリアフリー

2014年
12月15日

２０２０年の東京オリンピック・パラリンピックで、予算の増大を抑えるために会場・施設の場所、そして新設か再利用かで揺れ動いている。計画の見直し自体は、一定の時間内に最善の道筋がつけられるならば問題はないと筆者も考えている。

すべてを当初の計画どおりに進めるべきという意見もあるが、環境や経済的状況の変化に対応することは少しもおかしくない。もちろん、選手を送り込む国や団体の個別の要望をまとめることは容易ではないが、時間内に最大の英知と実行力の集約化が図られればよいことだからである。

いずれにしても、より密度の高い実効性のある計画を期待したいが、重要なことは、今回の会場・施設は健常者のオリンピック会場・施設だけになるわけではなく、パラリンピックの会場・施設にもなることだ。「東京オリ・パラ」ともいわれているが、現在のオリンピックはパラリンピックとあわせて開催されるところに意義がある。

同時開催が始まったのは１９８８年のソウル大会からであるが、パラリンピックという呼称は１９６４年の東京大会からといわれている。その意味からも、障がい者の利用に対応できるきめ細かな会場運営が必須となる。東京には、パラリンピックとして世界に類をみない会場・施設の充実と運営が求められているのである。

いわばバリアフリーとは何かを問う施設づくり、会場・施設運営が求められている。会場・施設の床には段差をつけない、手すりをつける、標識ガイドとしての音声、点字表示などの整備があるが、そうした設備に頼ったバリアーの除去や誘導装置だけでよいはずがない。

それ以上に、障がい者が快適にスポーツにいそしめる空間体験ができることを深く追求すべきだ。健常者と同様に心地よい空間体験は障がい者にとっても重要なのである。点や線、音などの誘導手段に頼った施設づくりから脱却を図る必要がある。

障がいの有無にかかわらず、人間の活動は空間のなかで行われる。だから、選手たちにとって空間の圧力や気配は身体の動きや心理に響くはずだ。そうした空間のあり方に対する配慮が組み込まれた会場・施設づくりを期待したい。

しかし、現在の計画では「オリンピック会場・施設」づくりにだけ関心が注がれる一方で、パラリンピックの会場・施設として豊かな空間をどう実現していくかがさほど注視されていないように思えるのは筆者だけだろうか。

パラリンピックの意義は、その会場・施設づくりの指針を日本の、さらには世界の今後の建築や施設づくりの指針にするという点にある。高齢化社会やさまざまな弱者に配慮したうえでの豊かな社会・国土づくりこそが、成熟社会を迎えた日本の進路でもある。そこでの新たな価値観と環境の課題を先取りして取り組むことが、まさに「東京オリ・パラ」のテーマなのである。

単に節約型のコンパクトで効率のよい会場・施設づくりではない。「オリ・パラ」が並列的になっているこの意義を十二分に発揮する2020年の東京大会にしなければならない。そのためにも、施設づくりや会場・施設運営を考えるにあたっては、いま一度原点に立ち戻って「オリ・パラ」の意義をとらえなおしてほしい。

建築文化元年にしたい

2015年
1月7日

20世紀が終わって21世紀に突入し、早15年目である。その間の日本を含めた世界の変化のスピードと、その質的内容には驚くほかない。1989年にベルリンの壁が崩壊したとき、これで東西冷戦が終結、世界の政治的対立が氷解して、いよいよ新しい穏やかな世界が見えてくることを期待したが、それとはまったくの別の次元の世界が待ち構えていた。

グローバル社会が一気に拡大、とりわけ経済・金融部門ではグローバル市場での取引が日常化して、静かな日常を満喫していた国々や地域までもが巻き込まれ、グローバル社会を回避して生きることが困難な状況を生み出したのである。その最大の役割を果たしてきたのが、コンピューターの急速な普及と高度に仕組まれたその応用の結果であることはいうまでもない。

その間、地球環境の変化や自然災害、宗教的対立や民族紛争に始まる戦争、あるいは金融戦争や貿易摩擦、さらにはエネルギーや食料問題など枚挙にいとまがないほどに、途切れることのない矛盾と混乱が渦巻く状況である。日本もまさにこの状況下に置かれているが、加えて日本は少子高齢化という爆弾を抱えている。人口減少は経済活動を直撃するばかりではなく、都市活動を弱体化させ、都市そのものを衰退ないしは消滅させることになる。

いまや、どのような国家的施策も時間稼ぎの弥縫《びほう》策でしかないように思える。しからば、どうすればよいのか。単純な答えでは不十分であることを承知であえていえば、「都市・建築の文化」を楽しみ、愛おしむ世界に生きる土壌づくりを掲げたい。

筆者がかつてイタリアに滞在していたとき、何よりも建築を楽しんで使う文化を感じた。建築に寄せる思いが日本では考えられないほどの熱い息吹をもって伝わってきたのである。そうした建築を愛する思いは建築家のみならず、ユーザー一人ひとりにあり、自らの街を誇りに思う気持ちが痛く伝わってきたことを思い出す。

愛おしい家族のいる家庭（ホーム）と同様に、建築を愛おしむ文化（カルチャー）がそこにはあった。それが多くの人の関心や驚きを呼び起こして、新たな活力を生み出すことになるのだ。

一方、日本は残念ながら土地本位に偏りすぎている。土地の価値が地域や場所の評価となるが、はたしてそれでよいのか。風土という言葉は土地だけでなく、その上に咲く文化をも指している。その風土は、多くの建築群が連なる地域や都市の生活の情景のなかで育まれる。その意味からいえば、文化の原点は建築を介してあることになる。

それゆえ、地域や都市に育つ文化には常に建築という空間が備わっていなければ始まらないのである。土地固有の文化を引き継ぎ、優れた魅力ある建築が誕生することが、さらに文化の度合いを深めていく。

土地本位の価値観から、建築本位の価値観への転換を進めることが、この２０１５年への筆者の強い思いである。カネと土地が支配する市場社会からは、いつになっても文化は育たない。成熟社会を迎えた日本の再生へ向けた、新年の抱負である。

キット化する住宅

2015年
2月12日

住宅産業のなかでハウス・メーカーの躍進は目覚ましい。あらゆる顧客の要望に応えるパーツと完成品のイメージを即座に提供できるシステムのもとに、建築家不要論まで出始めている。現代社会において顧客ニーズへの即応力は最大の武器である。次々にプレゼンテーションされる「着せ替え人形」的早業は、顧客の関心を引きつける。

その根底には、ハウス・メーカーのみならず、彼らをサポートする部品メーカー、すなわち建材・設備メーカーの生き残りをかけた技術開発とニーズを先取りした独自製品の魅力の創出がある。そうしたメーカーの採用とアッセンブル能力がハウス・メーカーを支えている。既製品の多様化を実現して顧客のニーズに即応することが可能になっているのだ。

しかし、そこには住宅のつくり手、設計者の顔などは微塵も登場しない。大げさにいえばつくり手の意思や哲学などないに等しい。顧客が自己の好みと経験の枠のなかで、多様な組み合わせと嗜好《しこう》によって、自分好みのキットとして期待値どおりの「おうち」＝「マイ・ホーム」をつくるのである。

しかも、それぞれ製品の性能はすこぶるよいという定評がある。現代社会においては、こうした「おうち」や「マイ・ホーム」に暮らすことが「終着点」であるという図式のなかに家＝住宅が位置づけられているようだ。

一方、住宅のつくり手に建築家という人格が介入するとどうなるだろうか。まず顧客の意思に加え、つくる側の意思が存在することになる。そして建築家は自らの習得した英知をもって、顧客のニーズを受け入れつつも、顧客の期待値を超える「空間と機能」を導き出し、生活や新たな環境を促す建築を生み出す。

すなわち、建築家は顧客＝生活する人をさまざまな角度から考察、議論を重ね、未知の世界を開きつつ、住み手とともに未来の空間＝住宅を切り開くのである。それができなければ建築家の存在意義はない。建築家は顧客の想像を超えた夢を実現する存在であらねばならないからである。もちろん、建築家がいつも独創的でオリジナルな部品や材料、設備を生み出すわけではない。何よりも重要なことは、建築家のオリジナルな想像力が豊かであること、そして哲学を持っていることだ。住宅が建築家の確固たる哲学や方法論によって生み出されたのであれば、既製品が用いられていてもそれは単にアッセンブルされた部品ではなく、彼の思想や哲学、方法論のなかに組み込まれたものとなるからだ。

筆者はハウス・メーカーの住宅を批判しているのではない。顧客満足度からいえば、もしかしたらハウス・メーカーのほうがはるかに喜ばれるかもしれない。しかしながら、住宅とは現在のみならず、未来にわたっても生活する場なのである。

そうした環境を建築家とともに考え、行動し、生きた環境を生み出すことこそが住宅なのである。そこには「生身の建築」の存在があるのだ。違いがあるとすれば、キット化された住宅はあたかも自分好みの自動車を選ぶような「製品の建築」と呼べるであろう。

ネットワーク社会と建築

2015年
2月19日

過激派組織ＩＳＩＬ（イスラム国）による二人の日本人である後藤健二さんと湯川遥菜さんの殺害は世界の非難を引き起こし、テロリストの存在にも容赦しない強い意志の団結が示された。宗教的な姿をとってはいるが、これまでとは異なる政治的事件、まさにグローバル社会が引き起こした世界を震撼《しんかん》させる事件だった。

中東という日本にとっては石油以外では遠い存在であった国々が、政治的にもわが身に直接かかわるきわめて近い存在になり、まさに日本も例外ではなく、グローバルに生み出されつつある「ネットワーク社会」のなかに生き、そして生かされているという現実が示されたのである。

さて、建築雑誌『新建築』２０１５年1月号に掲載された建築家の塚本由晴氏の論文「非施設型空間とネットワーク」は、現代の社会のあり方と建築状況を冷静に読み込んでいて共感を覚えた。まさにわれわれは新しい時代に突入し、世界や地域を駆けめぐる社会に生き始めている。ネットワークで世界が結びつくと同時に、地域社会においてもネットワークが機能し始めたのである。

これは単に情報社会という短絡した認識ではなく、巨大なグローバル社会とより小さなネットワーク化された日常の世界が現実につながりつつあるということだ。現代社会では現象の大小にかかわらず、そこに不可分の関係が生まれているのが現実なのだ。

建築は過去、「守りと象徴」を頼りに、長らく近代という社会制度によって生み出された機能を守り続けてきた。それは現在でも途絶えることはないが、一方、現在の社会のリアリティはそうした社会と建築の関係を解き放ち、ときには崩壊させ、新しい社会の仕組みや構造に照らした「開かれた、そして場の力」を生み出す方向に舵をとりだした。

いままできわめてアプリオリに概念として構築され、習慣化されつくしてきた「守りと象徴」を必要としない建築の登場が見えてきたのである。それは必ずしも、塚本氏がいう小さな仮設建築だけを対象としていないと思う。

ネットワーク社会は、単に建築だけではなく都市のあり方も変えていく。象徴的形態やリジッドに機能(制度といってもよい)が収められた建築群ではなく、場所自体が多様な役割を持ってネットワークすることで、大きな機能が発揮される構造へと変わり始めている。一つひとつの場は、より開かれたものにシフトして、他の多くを呼び込み、多くを広く発信することが求められる。

新しい社会に呼応する「非施設型の空間」がすべて同一の方向を目指すものではないだろう。塚本氏も「施設型のジレンマは解消されるだろうか」と指摘し、現在さまざまに試みられている「非施設型の試みや、そこで鍛えられた社会的想像力が施設型に還流し、その目的や空間のあり方が更新されていくことを期待したい」と締めくくっている。

2015年2月20日

中東のシリアとヨルダンの国境の一角に誕生したISILによるテロについて歴史的背景を看過《かんか》して語ることはできないが、もはや日本にとっても遠い存在ではなくなった。グローバル社会においては、どこにいてもネットワークで結ばれ、一人では生きられない社会にわれわれは生き、生かされているという認識が不可欠なのであろう。

そういう状況下で都市や建築はどのように変質し、更新されていくのか、非施設型という問題提起はこの先どのように展開していくのか、多くの実践行動のなかで問うていかねばならない。

建築は、古代から人間の生活やさまざまな活動を自然や外敵から身を守るためのプロテクターであり、同時に社会的生活や活動に欠かすことのできないシンボル(象徴)的存在であった。そのどちらが重要であるかは、そのときの状況や時代認識によって大きく変わるが、ことは単純ではない。

なぜなら、近代社会の成立と同時に社会を成り立たせるさまざまな制度が建築の前に立ちはだかったからである。封建制のなかでも制度は社会的秩序、システムの枠組みとして都市や社会的活動、ひいては価値観にも連動していたことはいうまでもないが、近代社会、産業革命以降は、その制度の革新によって近代の都市化が一層促進され、さまざまな都市活動が更新されたことで、社会全体から個人の領域に至るまで、くまなく近代都市としての普遍性が与えられてきたのである。

われわれはその働きを「機能」という概念としてとらえることになった。例えば都市における広場、道路や鉄道、建築におけるロビー、寝室、玄関、あるいは工場、食堂などである。それらすべてが制度という枠組みに組み込まれた「機能」なのである。

近代はそれぞれの役割や領域をきわめて明快にくくりつけ、そして機能という明確な存在を限定的に示すことで、制度を強固にし、近代社会を成り立たせる重要な「秩序維持としての制度」を確立してきたのである。

さて、もう一つの象徴の問題である。われわれの生活や活動は、多くのシンボルによって成り立っている。都市は「シンボルの海」のようなものであり、人々は目的に沿って海に浮かぶシンボルを頼りに活動や行動を生み出し、都市生活ができるのである。

ここで問題にしたいことは「機能の限定」で示したように、シンボルにおいても「限定した輪郭」

が制度と一体化して社会のあり方が示されるということである。

「白亜の殿堂」の比喩《ひゆ》のように仰々しく、そびえ立つ建築こそが都市のなかでの存在を示す重要な役割を担っていたのであるが、それはまさしく社会の制度にくみしたなかでの役割の大きさを示すものである。

現代社会は、そのような二つの問題にどのように対応しているのであろうか。「守りと機能の限定」は現代の社会システムの流動化に追従しがたくなり、システムの領域の拡大により、「守りと機能の限定」はどちらも意味を持ちにくくなり始めた。

一方、近代が構築してきた重いシンボルは必要性が低くなり、軽快でしなやかで、しかも多くのボキャブラリーの集合体としてのシンボル構造に変わり始めている。そこにわれわれのネットワーク化された社会のなかに意味を見いだし始めたと考えれば分かりやすい。

現代のようなグローバルな広がりと相互性というつながりが物言う社会にあって、明確な領域という限定された機能より、むしろそれぞれの思考や振る舞いによって、ネットワーク化された社会が意味を持つことになるのである。シンボルも同様にネットワーク化された構造のなかで、その時々の役割や活動を生み出し、リアルな現実を知ることになる。

設計者の矜持

2015年
4月14日

デザイン・ビルド（ＤＢ＝設計施工一括方式）がさまざまな問題を引き起こし、設計者の立場が揺れ動いている。

現在の日本におけるＤＢでは施工者の意向が強く反映され、本来の趣旨を離れて建築の設計者の意図と責任がきわめて曖昧《あいまい》になり、設計の趣旨の多くが施工者に移行するという結果を招いている。施工者の経済的利益を確保することに重点が置かれ、設計者が望む趣旨とはかけ離れたものになり、設計者の存在が希薄になりかけているという議論である。

日本でのＤＢ導入に期待されたのは、設計者が施工者の技術的ノウハウや先進的アイデア、経済性などについても基本設計段階から取り入れ、設計の現実的課題として前倒しして検討、検証することで設計の中身を豊かにできるという点である。

その前提は、あくまでも設計者の主体的・自立的立場の是認である。基本設計、実施設計はもちろんのこと、工事監理に至るまで設計者の主体性を明確に担保して、施工者といかに協調して設計の趣旨を一貫して通していけるか、それは発注者の期待に十分に応えられるかという問題でもある。

発注者にもＤＢの意味が十分に伝わっていないことも多いようだが、当然、設計者にも能力の差異はあるから、その補填《ほてん》を施工者に期待するのではなく、発注者が最適な設計者を選ぶという行為が大切なのである。発注者による設計者の十分な事前調査は欠かせないはずだ。

設計者側も自らの能力のほか、倫理観や協調力など多くが求められていることを自覚しなければならないことはいうまでもない。それが未熟であれば、設計者の資格を失うこともあるのは当然である。

次に問題としたいのは、発注者以上に設計者にみられる由々しき問題である。設計には基本設計、実施設計、そして工事監理という段階がある。そして設計者は当初の設計理念、すなわち基本設計の趣旨を受け継いで、実施設計、工事監理まで一貫して成し遂げることが必要である。ところが、発注者の意向とはいえ、それぞれの段階で設計者が入れ替わるという唖然《あぜん》としてしまうようなことが最近起こり始めている。

DBの問題において設計者の主体的立場を主張せねばならないのに、設計者自らが立場を放棄し、設計の緻密な一貫性を分断することに参加しているという破廉恥《はれんち》さを見るにつけ、設計者の魂はどこに行ったのか聞きたくなる。基本設計時の「さまざまなアイデアの詰まった構想」を他者に譲渡するということが可能なのだろうか。設計者の倫理観を疑うしかない。

設計という行為は単に経済的行為ではないということを設計者は自覚し、襟を正さねばならないはずなのだ。発注者の意向がどうあれ、設計者は自発的に自ら信じるところを意見しなければならない立場なのである。

改めて設計者の姿勢そのものについて問いかけねばならない。設計者の無節操が今日のDB問題を引き起こし、そして設計者が守り、堅持しなければならない立場を自ら放棄している現状を自覚し、改めることを矜持《きょうじ》をもって行わなければ、建築に発注者が求める設計者の存在はますます遠のくばかりである。

非施設型建築の行方

2015年
5月21日

東京・銀座の変貌ぶりには驚かされる。バブル崩壊前は、それこそ華やかな「夜の蝶」が舞う街であったが、その後は安価な店が進出、由緒ある銀座の名が泣くとまでいわれた。しかし、最近では高級ブランド店を訪れる外国人観光客や若者たちのにぎわいで、銀座のブランドも回復しつつある。それらの変容に伴って建築的様相は一変し始めている。

かつて銀座には、4丁目交差点の和光に象徴される古典的ともいうべき格調高い石造りのまさに本格的な「建築」が競いあっていた。それが大人の街、銀座の風景と趣きを生み出していたが、社会や経済の価値観、建築に求められる期待値の大きな変容、時代の要請にあわせ、少しずつ姿を変化させつつあるのが銀座の現在の姿である。

とりわけ、アパレル関係の店舗にはその傾向が顕著である。海外はもとより、国内のファッション関係の店舗の内装はきわめて簡素で安価に仕上げてある。床はモルタル、天井はダクトや配管が露出のままという具合である。商品の陳列の独創性にはこだわっているが、陳列自体にはコストがかかっているわけではなく、あたかも倉庫のなかの空間を思わせる。

しかし、その安易さは現代の感性にはきわめてフィットしている。さわやかで、シンプルな空間構成は現代という時代が求める感性を表している。和光のような重厚で本格的な「建築」に比して、「ネットワーク社会と建築」(104ページ参照)でも述べたように、あたかも仮設店舗(建築)のような建築を「非施設型」建築として考えると、現代社会の要請が多少見えてくるかもしれない。

こうした「非施設型」建築が現代の感性にフィットする理由はいくつかあり、

①　社会システムの変容（均質化、民主化）
②　ネット社会への進化
③　経済的価値の変容
④　商品、モノへのこだわり
⑤　空間認識の変容
⑥　シンボルの変容
——などがあげられる。

そうした空間への思いは一様ではないが、現代社会は、建築からその中身に関心が移りつつあるのではなかろうか。軽やかで、さわやかな空間のなか、ポップな感覚で商品やモノを楽しむ傾向である。権威をあらわにした建築への拒否感もあるだろう。誰にも使いやすく、権威的ではない開放的な「非施設型」建築への志向を社会の感性が受容しつつあるといえるだろう。

それはある意味、開かれた建築の表れともいえるかもしれないが、このような「非施設型」建築が永続的に続くとは考えにくい。社会が持ち、生み出す価値観がその方向を決めるからである。オーセンティックな建築がどこに、どのように存在するのかは、常に時代や時の権力、そして経済力に支配されてきた歴史を見ればあきらかだろう。

いずれにせよ、都市の蓄積とはそうした一時の建築で構成されるわけではない。多くの、しかも長い歴史の積み重ねであることを考えれば、さまざまな時代の痕跡を残すことが、都市と建築、そして社会の関係である。

仮設的であることの意味は、「いまというとき」にしか楽しむ（社会のニーズに応える）ことができないのかもしれないからである。

天井問題から建築を考える

2015年
5月29日

東日本大震災以降、建築の非構造部材、とりわけ天井の耐震化が強化されてきた。天井を支える構造材の強化、照明機器や設備機器の取り付けの強化を図る一方、幕などによる天井材自体の軽量化、そして、さらには天井を張らない手法などにより、天井からの危険な脱落・落下が起こらない建築を目指そうというものである。

元来、近代以前の建築においては、天井を二重に仕上げて、その懐を有効に使うという工夫、方法はほとんど存在していなかった。とりわけ西洋建築では直接床裏または梁型に多彩な化粧を施して美しく見せる方法をとっていた。

古典的な西欧の建築においては、素晴しい天井画(フレスコ画)が描かれ、空間の醍醐味《だいごみ》は天井にあるとされていた。高い、見上げるような天井によって、その下に展開する空間に生命が宿るとまで考えられ、天井への関心が多く注がれてきた。すなわち二重に天井を設《しつら》えて天井裏をつくるという発想が全くとはいえないまでも、ほぼなかったのである。

それが近代に入って、さまざまな機能的合理性が問われてくるようになると、むしろ「空間の持つ力」を表現することよりも、さまざまな機械設備の技術的進歩を受けて、人間のための快適性、効率性などの合理化が求められた結果、上階の床下と天井面の間を有効に使い、空調ダクトやさまざまな器具や配線類をそこに隠蔽《いんぺい》してきた。そして、その下に展開する空間は、機械的、合理的な均質性を享受してきた。

近代以降の建築においては、そうした天井面に多くの装置を組み込むことで、誰にでも同じようなサービスが受けられるような空間の合理性と快適性を生み出してきたのである。

このような天井の変化を促し、建築の近代化を進め、建築の可能性を大きく拡大してきたのは、構造材の進化も要因の一つではあるが、それ以上に設備的な技術開発の進化が大きく寄与してきたといえるだろう。

近代建築を育んだ人工環境

例えば、ニューヨークの摩天楼を可能にしたのは、まさに高速に人やモノの垂直運搬を可能にした機械であるエレベーターの発明があったからである。また、自然通風や自然換気にこだわらなくてもすむ空調システムの開発も大きかった。開口部の少ない気密性の高い建築が可能になったのである。

そしてさらに注目すべきは、タングステン・フィラメントによる白熱灯に比べ、発熱量の少ない蛍光灯の発明である。その建築への寄与は計り知れないほど大きい。蛍光灯は1937年に米国GEから発売が始まり、第2次大戦以降、その効果と実用性の高さから、大型ビルの開発にはなくてはならない器具として近代建築、いや現代建築の大きな発展を支えてきたのである。

現代ではLED(発光ダイオード)照明など、さらに進化した照明器具が次々に発明・開発されて実用化が進んでいるが、当時の蛍光灯の発明はきわめてインパクトが大きかった。もちろん空調との連携を忘れることはできないが、室内の奥行き深く、すなわち窓面から遠いところまで、発熱量が少ないまま高い照明効果を発揮でき、その結果として床面積を大きくする建築が可能になったのである。

日本にもいち早くそうした技術は導入されてきたのだが、何といっても、ニューヨークの摩天楼の開発が飛躍的に建築の近代化を進ませたことは間違いない。まさにこうしたエレベーター、空調機、そして蛍光灯という発明があって建築を進化させ、近代建築を一層強固な存在へと変えてきた。それらの発明は、世界の建築環境を一変させてきた功績によって、近代建築の「三種の神器」とまでいわれるほどだ。

その意味では、まさにこの「三種の神器」こそが近代建築、ひいては現代建築を限りなく発展させ、現在、私たちが享受している都市文化をつくり上げてきたのである。こうした近代建築が追い求めてきた合理性、経済性、利便性などへの回答は建築の床面を最大限に開放することであった。その目的のために目を向けられたのが、床面に対するもっとも影響の少ない天井面であった。たしかにその有効利用は効果的である。近代建築、現代建築において機械的設備による人間のためのアメニティ創出には天井面の有効利用は不可欠だった。しかしながら、注目すべきはそのために何が起こったのかということである。

地震国日本の課題はとどまることを知らない。東日本大震災の惨状を受けて建築の耐震化の見直しが始まった。課題の大半は構造部材と構法およびその解析にあったが、非構造部材がもたらした悲劇の大きさが改めて認識されるにつれ、建築そのものに対する安全性が問い直されてきたのである。つまり単に構造部材、非構造部材といった部位のレベルで片づけられるような問題ではないことがわかってきたのである。

建築空間の利便性を求めるあまり天井面に多くの設備を集約したことにより、建築空間が均質化してきたという問題について考えるよい機会になると筆者は考えている。

人間が機械に依存し、かつ類型的な快適さを求めることへの執着を緩めていくことが天井に対する無自覚な合理性への盲信から解放し、「建築への自由度」を高めることの意味を改めて考える必要があるように思える。それは一人ひとりの居場所と選択の道が開かれてもよいのではないかと考えるからである。

自然環境との共生

これからの建築には均質的な数値化された人工環境に頼らない方向を目指すことも重要だろう。そうした流れに呼応するように、最近の大型建築でも木造化が促されているという傾向は好ましく思っている。日本の伝統的建築表現とも連動することだが、木造建築の木組み(小屋組み)などの美しさは、その下に展開する空間の豊かさを生み出すものだ。

このような空間に対応する環境制御のあり方については「三種の神器」だけでなく、さまざまなハイテク、ローテクを交えた工夫をもとに考えることこそ、本来の建築のアプローチであると思う。いま建築を変えるには、技術的なアプローチによる空間の均質化や環境制御とは逆の方法が不可欠だというのが筆者の思いだ。現在、天井面からの危険物落下問題のために、一つは法律などが整備され始めているが、その主な目的は非構造部材の強化と軽量化である。

そのことへ水を差すつもりなど毛頭ないが、アメニティを追求してきた結果、近代建築、現代建築が無自覚に行ってきた建築の設備的人工環境のあり方にも問題があるのではないか。時代の要請はすでに人工的な環境整備よりも、自然環境といかにして共生していくかにシフトしつつある。

建築をとらえ直す契機

この天井問題をただ耐震性強化の問題としてとらえるだけではなく、建築空間や設備機能のありようを考え直すことで建築の天井のありようを問いかけ、さらに建築空間そのものをとらえ直す契機にすべきと考えている。

もちろん、問題はそれだけにとどまらない。開口部や外壁のあり方についても同様である。エネルギー負荷、光や風など自然環境の取り入れ、室内はもちろん街並みの景観との調和など、課題は枚挙にいとまがない。

そうした課題に応えるには現代社会が抱えているさまざまな問題を抜きにすることはできないが、単に現代社会に背を向けて自然に戻ればよいわけでもない。時代が求める建築のテーマとは何かを考える契機となることを、この天井問題を通して考えたい。

大型ビルのかたち

2015年
6月15日

都心部の大型ビルのかたち(ビルディング・タイプ)にはさまざまあるが、大きくは三つの傾向に分けられる。

一つは超高層のタワー型で多くはこの分類に入る。商業地区であれば場所の持つ性格あるいは用途によってさまざまだが、高層化によって生み出された地上部を広場やオープン・スペースとして開放し、都市に広がりを持たせる方法がある。また高層部の眺望や開放感を建築にとり入れることができるなど、さまざまな特質がある一方、高層への移動に必要な多くのエレベーター設置など防災上の問題もある。

もう一つのタイプは、敷地いっぱいに建築を最大化しつつ極力低層化し、ワン・フロアの有効床面積を最大化するキューブ型である。敷地面積の大きさや形状にもよるが、床面積が5000平方メートルを超えるような規模の場合、通常は中央にライト・コートを設け、両面採光が可能なように考えることになる。

そして三番目のタイプは前者と後者の折衷案である。低層部はキューブ型、高層部はタワー型として低層部には奥行きが深くても有効な商業施設などを入れ、高層部にはオフィス空間としての快適なスケールを生み出すようにするタイプであるが、これもタワー型の変形である。

さて、都心部の大型ビルがもつ直近のテーマは、一様に床面積の最大化と経済効率であるが、そうした課題をクリアして人工環境を効率化するために、自らの「省エネ化と快適性」を目指すことが少なくない。照明技術と空調システムの進化は、建築を装置化された空間制御ボックスのようにし始めている。一見当然ともいえる話だが、はたしてそうだろうか。

人工環境による内部空間のアメニティの創出だけが、人間にとっての快適性や長期的な経済的合理性を生み出しているわけではない。

大都市の大型ビルは都市活動を促す要の役割を担っている。自らのことだけを優先して大型ビルは成り立っているわけではなく、そこには公共性が常に付きまとう。都市の豊かさやアメニティを考えれば、ビル一つといえども自己完結するのは許されることではない。完全な自己閉鎖型のビルは特殊なものを除いてあるべきではないのである。

さらに、ビルそれ自体においても自然環境との協調、共生はますます重要なテーマとすべきである。採光、排出空気など都市への配慮は当然だが、都市景観を生み出す形態や外観の表情がいかに大切か。都市的調和はまず建築が負担すべき役割である。

その意味で、外観の窓はたいへん大きな役割を背負わされているはずだが、最近の大型ビルにはそうした配慮が少ないように思われて仕方がない。筆者の意見では「建築の窓」(単に開口部を指していない)こそ、建築と都市をつなぐ大きな景観上の役割を担っているからである。

窓の見えない建築は、建築ではない。なかのささやかな気配が外からも感じとれることは、建築にとってきわめて大きな意味を持っているからである。あまりにも人工環境に依存する建築はロボットのような装置であって、建築とは呼べないと筆者は考えている。

「窓」を考える

2015年
6月24日

快晴でさわやかな空気を感じることのできる日、窓を開けて体感できる風の香りや空の青さは、何よりも得がたい清涼剤である。それは小さな住宅の窓からであっても、高層ビルの窓からであっても同様である。

一方、街路や都市の広場から望む建物の窓の存在が都市の豊かさに深くかかわっている。その窓に現れる表情は多様なヒトの営みを象徴しているからである。垣間見える人影、カーテンやブラインドの開閉、夜になると灯る明かりなど、窓はさまざまな表情を生み出している。それゆえに、文学や芸術の世界でも窓は格好の題材になることが少なくない。窓を通して描かれる人間模様の不思議な魅力に好奇心が引き込まれる。

それほどに建築における「窓」とは、建築をヒトと結びつける大きな役割を持つ存在なのである。窓がなければ建築とはいわない所以《ゆえん》がそこにある。都市の豊かさも、さまざまな窓の表情を持つ建築が多様な姿を見せているから成り立っている。そして都市の楽しさを建築の内部から享受できるのも、窓を通して外の気配を知ることができるからである。

例えば伝統的なヨーロッパの街並みは、まさにそれを構成する建築の窓のプロポーションや配列の美しさによってつくられているといっても過言ではない。有名なゴシック時代のノートルダム大聖堂のローズ・ウィンドウ（薔薇《ばら》窓）や、日本の武家屋敷などで用いられた武者窓などにもそうした思いが込められている。

過去の建築家の窓へのこだわりは尋常ではない。ル・コルビュジエの水平連続窓はもちろん、日本でも前川國男や佐藤武夫は建築の命は窓にあるとまでいっていた。建築を構成する窓は、まさに物理的無機質な存在に命を与えるような存在なのである。

しかしながら、現代建築はそうした窓の存在意義を失わせ始めている。建築の外装を一面ガラスのカーテン・ウォールで覆いつくすようになって、窓という存在が消滅し、ガラスの外壁となり、建築の存在を大きく変質させてきたのである。

内部の個別の活動も十把《じゅっぱ》ひとからげに、巨大で単一なガラスの壁によって囲い込み、なかの表情など意に介さない建築を時代の変化や環境問題の今日的課題への対応といいながら無自覚的に出現させてきたのである。

それどころか、最近では窓の見えない建築が出現するなど、もはや人間との対話のない建築の乱舞である。その最大の理由は、建築の大型化と高度な人工環境による「自分だけの効率性、快適性、安全性の獲得」にある。それはまさに他者の存在を忘れた自己欺瞞《ぎまん》の結論である。

そうした結論を導き出した果てに、はたして人間が望む都市という存在が見えてくるのであろうか。窓を喪失した現代建築をどのようにとらえるべきか。

過剰な人工環境や技術支援によって成り立っている建築や都市を、窓の存在を通してとらえ直すべきではなかろうか。それがただ省エネや経済的合理性という問題だけからのアプローチではなく、建築と都市と人間のあるべき姿をとらえ直す契機になればと考える。

日本建築学会作品賞と選評をめぐって

2015年
7月15日

日本建築学会最大のイベントである作品賞が発表された。作品賞は建築家の登竜門としてはもちろん、多くの建築家たちがもっとも注目し、時代の傾向を読み解く課題として最高の対象である。その評価は当然、建築作品そのものに向けられてはいるが、同時に作品を選んだことに対し、学会の見識を示す講評もあわせて重要である。その理由をここであげつらうこともないことだが、学会という団体の意義がそこに深く連動していることを思うと、簡単には看過《かんか》できないと考える。

作品の評価はいうまでもなく時代や技術、デザイン、環境、材料、構造、歴史、さらには文化、哲学にも連なり、さまざまな視点で評価される。どの分野が強く押し出されたかによって作品への評価も異なるから、選ばれた作品の評価が一様ではないことは当然であろう。

それだけに学会での複数の審査委員による審査体制では満場一致ということは皆無に近いと推測されるが、学会賞の趣旨とその意義に照らして考えれば、こうした議論の跡を示すことは当然である。それゆえに作品に対する講評は作品以上に重要であり、その中身は選者の多数の平均値を連ねた総評であってはならないはずだ。

実際もそのような審査が行われていると聞いているが、学会の使命を考えれば、講評には建築作品のみならず、時代を貫くほどのクリティシズム(批評性)が不可欠なのである。つまり「作品と講評との対」の形をもって初めて学会としての役割と使命を果たすことになるのである。そこにこそ、その作品の学会賞たる所以《ゆえん》が明確に示されることになるのだ。

2015年度から会長に就任された中島正愛氏は就任にあたって、学会にはまさに「実社会との連携」と「学際性の豊かさ」が必要であると指摘されている。

その指摘をまつまでもなく、建築作品はまさに現実の世界にあって、実社会というフィールドで機能する存在である。その存在性をどのように評価し、学際性を高め、社会への普遍性を探求し得るかを示す役割が講評に示されなければならないだろう。そうした批評行為の総体こそが、いわば学会の存在意義なのである。

最近の学会賞の審査、選出には、さまざまな意見があることは聞くところである。多様性を受け入れている現代社会のありようからしてみれば、多岐にわたる意見の相違はあってしかるべきものだ。

しかしながら、あまりに安易な講評を見るにつけ、それが学会の見識として示されることに一抹の不安を感じとらざるを得ないのは筆者だけではないのではなかろうか。

いま建築界はグローバル化する世界の多様な価値観の大海原に投げ出されている。そうしたなかで自らの進路とテーマをつくりだし、方角も分からぬ大海原を進むとき、先の展望と足元の状況を確実に認識しておくことは何よりも大切なことである。

日本建築学会のあるべき姿への期待に対し、誰が何を応えなければならないのか。この問いは、すなわち学会としての資質が問われていることだということを、いまこそ考えるときだ。

オスカー・ニーマイヤー

2015年
10月22日

2015年10月12日まで東京都現代美術館で開催されていた「オスカー・ニーマイヤー展」は、モダニズム建築における彼の足跡とその偉大さが示された、時宜《じぎ》を得た展覧会であった。

1956年にブラジル大統領クビチェックによって「ブラジリア首都移転計画」が構想された。臨海部のリオ・デ・ジャネイロから内陸部のブラジル高原に新たな首都を建設しようとする計画である。都市計画コンペの1等案に選ばれたルシオ・コスタのチームで主要な施設の設計を担当し、ブラジリアの存在を世界に知らしめたのが、まさにブラジルのモダニズム建築の父と呼ばれるオスカー・ニーマイヤーである。

1960年代初頭、日本でもその革新的発想の新都市計画は話題になった。飛行機の機体を思わせるマスター・プランもユニークさと美しさに驚きをもって迎えられていた記憶がある。

一方で、ブラジル奥地の広大な原野を切り開いた新都市づくりを誰もが賛美したわけではなかった。まったく既存の文脈と切り離された都市という存在に不安が渦巻いていたからである。広大な未知の大地に人々が行き交う都市のイメージを抱くことができなかったのである。

しかしながら、ブラジリア新都市計画は着実に成果をあげていった。水に浮かぶブラジル大統領官邸に始まり、政府の主要施設、続いて文化施設や住宅、商業施設、教育施設など、都市にふさわしい機能の充実が図られ、世界に注目される都市の姿が現れたのである。

彼は、とりわけ公共施設に力を注いできた。その評価は彼の受賞歴にも示されている。1963年のレーニン国際平和賞に始まり、1970年にはアメリカ建築家協会ゴールドメダル、そして建築界のノーベル賞ともいえるプリツカー賞、2004年の高松宮殿下記念世界文化賞など枚挙にいとまがない。また、1952年、ル・コルビュジエらとの共同作品として現在もニューヨーク・マンハッタンにそびえ立つ国際連合本部ビルは特に有名である。

活動初期の1942年(35歳)に完成したカノアスの自邸が、その後の彼の作品群の原点ともいえる秀作だと筆者は思っている。うねるような2枚の水平の板、すなわち床版と屋根版に挟まれた空間、その開放された自由さ、光と影、自然の岩や風景との協奏など、彼の作品のエッセンスを垣間見るようである。

さらにブラジリア大聖堂の大地から天空に広がる伸びやかさ、あるいはブラジル国民会議議事堂の屹立《きつりつ》する2本の事務棟と低層の基壇に埋め込まれた議場や会議棟の曲線とのバランスの妙、空中にアクロバティックに浮遊するオスカー・ニーマイヤー国際文化センターなど、まさに現在のわれわれが見直すべきデザインの姿があり、建築形態のあるべき自然な姿があるように思える。ブラジルの果てしなく続く地平に白く輝く曲線の造形は、ブラジルの光と影の建築としていまに息づいている。

104歳で亡くなった彼の生涯の偉大さに敬意を表しつつ、人口260万都市ブラジリアのこれからにも注目していきたい。改めて、都市とは何かを見つめ直すためにも。

建築の中身（活動）と外見（形）の乖離

2015年
11月12日

最近、建築への関心が変わり始めていることに注目したい。一つ目は、図書館の変化である。話題になった佐賀県の武雄市図書館では「ツタヤ」を展開する「カルチュア・コンビニエンス・クラブ（CCC）」が、民間の指定管理者として図書館を運営している。

武雄市の前市長がいままでにない公共図書館の運営を目指し、民間の持つノウハウとアイデアを導入して、集客と活性化を図ろうと企画し、全国的に注目を集めたことは記憶にも新しい。

しかしながら、民間ならではの収益性や効率性の偏重が表面化し、公共図書館が持つべき公平性や客観性に欠けるとして賛否両論が起こり始めた。神奈川県でも海老名市立中央図書館をめぐって同様な騒動が巻き起こっている。さらには愛知県小牧市で建設予定のツタヤ図書館では、住民の反対運動により計画がいったん白紙となるなど、こうした施設のあり方への反発が大きくなりつつある。

だが、この騒動を意図された建築空間の性格とは無縁な、単に後づけの図書館運営だけの問題だととらえてはならない。建築は、その内外で生起する活動や風景に連動しながら成り立っており、その総合的な意味性を獲得している点に注目して考えることが問われている。

二つ目は、東京駅八重洲口再開発の複合超高層ビルに区立小学校が入居するという話題である。計画によれば校庭や体育館、プールなども考えられており、機能性や内部空間の豊かさは想像に難くない。都市部の土地の高度利用という観点とも合致するし、利便性も高いだろう。

しかし、学校建築のあり方として、一つの実験とはいえ問題もあることはたしかである。この小学校の場合、校舎の外観は超高層ビルの一部として解釈される。小学校が超高層ビルのなかにあることで、記憶に刷り込まれる小学校という建築のシルエットは存在しなくなる。

もちろん、狭隘《きょうあい》な敷地のなかにある都心の小学校の教育環境が豊かだとはいえない。しかしながら、学校の外観のイメージはその後の人生の記憶に残るものである。シンボルとしての建築の形である。

この二つの事例は、正反対の内容を示している。図書館は建築のあり方と内部の活動のプログラムが一致していない、後づけの仕かけで建築の総合性が見えてこないことであるが、一方の小学校の場合は内部空間の充足性とは無縁の外観、すなわち巨大なガラスで覆われた超高層という建築に内包されているというプログラムである。

これらの問題は、どちらも現代社会が抱えている現実の課題だ。行政が抱える課題の解決に民間のノウハウが参画するとどうなるのか。そして、高密度の都市空間に生き延びる学校建築はどうあるべきなのか。それは現代社会が抱えるアクチュアルな課題であり、また地域に暮らす市民の問題でもある。

将来に禍根を残すことのないようにするには、議論と検証が過ぎることはない。こうした問題、すなわち市民権をなかなか得にくい都市空間のなかで生きる「建築という存在」の意味の共有化こそ、現実に生きる現代人の課題なのだから。

建築の審査講評とは

2015年
12月15日

最近、報道や出版界などで表現の「偏向」が話題になっている。「一つの表現」を公の舞台で一方的に「偏向」「偏り」と決めつけて断罪してはならないが、同じ舞台でさまざまな意見を戦わせることで、相互の意見に変化が生じたり、新たな展開がもたらされる可能性があるのだから、そうした舞台があることの意義を理解することが何よりも重要なことなのである。

その前提なくして、成熟した民主主義社会は存在し得ないと思うのだが、「一つの表現」は対峙《たいじ》する側から見れば、必ず「偏向」「偏り」である。その意味では「一つの表現」が右なり左なりに振れていたとしても、それこそが主体的存在(性)の証なのである。

こうした「偏向」「偏り」を排除した「中立」という表現に何を見るのか。自らをカモフラージュするような透明な発言者は、それこそ成熟した民主主義社会の一員といえるのか。民主主義社会とは、一人ひとりの個性とアイデンティティの尊重が成り立たせているのである。

建築界ではさまざまな建築やまちづくりのコンペやプロポーザルなどの提案競技がある。それ自体の隆盛は建築界を活性化するものであるし、若い建築家の登竜門として、あるいはさまざまな世代の建築家の力量が公平に評価されて、社会に広く意義が示されるものであるから、たいへん結構なことである。ますますこうしたイベントが広く建築界に浸透することを期待するところである。

しかしながら、提案競技の広がりは大いに歓迎しなければならないとしても、作品への講評、選定理由がきわめて中立的(?)であるばかりか、設計趣旨をただなぞっただけのような講評さえ散見される。そこには選者の姿勢と建築作品に対する評価の視点が表明されなければならないはずであるにもかかわらずだ。

選者の名前が公表され、その責任のもとに建築作品が選ばれたのなら、その根拠の明確な提示が不可欠なのは当然である。

こうした傾向は日本を代表する建築賞である日本建築学会作品賞やＢＣＳ賞にも強く表れつつある。日本を代表する建築賞だけに、それこそ「偏向」「偏り」を忌み嫌うことになるのだろうが、それはほんとうに「公正性を謳《うた》う」ということなのか。

建築賞に限らず、賞を与えるという行為においては、少なくとも選者と選ばれる作品との間に壮絶な闘いがあってしかるべきである。選者が代われば選ばれる作品は変わる。選者を超えた客観性など存在しない。

筆者の知る民間主催のコンペでは、選者と建築(提案)作品とのやりとりはその多くが個性的である。選者の見識や姿勢が選ばれた作品に直結して、コンペに参画した意義が明確に読みとれ、すがすがしく思えるケースが少なくない。

しかしながら、とりわけ大きな建築賞になると公平性に配慮した結果なのか、そこには作品の批評ともいえないような設計者の設計趣旨説明のような記述があるだけで、選者の姿も影も見えてこない。

停滞気味の建築界が飛躍するためにも、選者と設計者のやりとりが見える批評のあり方を再考すべきと考える。

建築設計界の覚醒を

2016年
1月12日

新国立競技場問題は一応の決着をみたが、いまだ多くの不安が残っている。海外の建築家は、一度は決定したザハ・ハディドの案を外したことに加え、彼らの参加が実質的に不可能な現状を快く思っていない。WTO(世界貿易機関)案件であることに対する配慮は皆無で、国内の建築家からも同様な意見がある。

さらに、国家的プロジェクトであるにもかかわらず、結局はゼネコンを中心とした2グループのみの応募という、あまりにも選択の幅が狭い状況は、プロセスにとり返しのつかない瑕疵《かし》があったにせよ、発注主体である国の能力が問われる問題である。

そして、日本の建築家の力のなさを露呈したことにもなる。ザハ案の当選発表以来、建築家のさまざまな発言があったが、すべてが遅かりし身勝手な発言ばかりであり、国際世論はガラパゴス日本の建築界の現状に呆《あき》れかえっている。

日本における建築家という概念は、明治期の西欧からの建築家の招聘《しょうへい》に始まるが、それ以前から大工や棟梁という設計と施工が一体になった形で、優れた伝統的「技」の継承がなされてきた。それが近代化とともに、組織(会社)や資本(カネ)という仕組みが整備されるなかで変容し、とりわけ設計は、その重要性にかんがみて、設計と施工の各分野を切り離し、その役割を明確化した。すなわち工事上の利益が設計内容に影響を及ぼさないよう、インディペンデントな立場を明確にして、それぞれがその役割と果たすべき責任を担う仕組みを構築したのであった。

しかしながら、現代社会の要請により、建築の裾野は限りなく広がり、技術の進化、コスト分析の多様さなど建築家という範疇《はんちゅう》を超える事態が日常化し始めた。それに呼応する形で両者の明快な独立性が保たれにくくなり、適正な建築生産システムの成立には、設計者が先行的に施工者の力を借りる必要が出てきたということが、今日のさまざまな問題の一因となっている。

ただし、本稿は施工者を問題とするのではない。建築家の立場とその役割の地盤沈下を危惧《きぐ》し、建築家たちへ奮起を促すエールを送るのである。

建築家たる者は、トータルな視界をもって建築を社会に生み出す責任ある立場であることを強く自覚しなければならない。そのためには、さまざまな分野の能力とコラボレートし、最適化をプログラムして、さらにそれらを適正にマネジメントする力が不可欠である。そこに建築家としての構想力が問われる。

都市的視点や環境問題なども含めてデザインや技術から予算、工期までをトータルに見通し、建築を生み出す能力が評価されるのが建築家であろう。それは現代の複雑な建築産業のすべての領域に精通することを意味しない。建築はさまざまな外部の優れた能力の支援を受けて初めて成し遂げられる。建築家には、専門家を集めたチームの中心となり、すべてを視界のなかに収められる総合性が問われる。そこにこそ建築家の建築家たる所以《ゆえん》が存在する。

いま問題となっている建築家という存在の地盤沈下は、この複雑な社会のなかの建築に自らの立ち位置も含めて、社会に応える能力に欠けているのではないかという社会の厳しい指摘に起因する。

今回のコンペのありようについて、日本の建築家の姿勢が問われているこの時期にこそ、建築家自身が覚醒して奮起しなければ、今後ますます建築家の地位は失墜の一途をたどることになる。

建築家よ、再起せよ。

MIYAKE ISSEY展を見る

2016年
3月30日

国立新美術館で開催されているMIYAKE ISSEY展を見た。「衣服デザイナー・三宅一生の仕事」というサブタイトルがついた本展覧会は衝撃的であった。衣服に関するデザインの仕事に触れることが少なかったので、一層衝撃は大きかった。

建築設計を生業としている以上、デザイン全般には関心を持っているが、衣服に関しては特段接近する環境にはなかったので、三宅氏の仕事が建築の仕事にも深くつながっていることを知り、「創造することの意味」を見せられた思いであった。

三宅氏の仕事ぶりの解説は筆者の任ではないが、彼の仕事の根本を貫く姿勢は、自ら語っている「ジーンズやTシャツのように多くの人が自由に着られる服をつくりたい」というものだ。単に洋服という西欧的世界にルーツを持つ衣服に対してだけではなく、日本の伝統をも踏まえ、身体性を包み込むという衣服の原点に立ち戻りながら、未来へ向けた世界を示そうということだ。

きわめてシンプルに「一枚の布」から生み出される衣服、あるいはさまざまな現象のなかに見いだされる襞《ひだ》を衣服にとり入れた「プリーツ」の開発によって、さまざまな形を持ちながら人間の身体を包み込むという衣服のあり方についてまったく新しい概念を生み出したことにも驚かされた。すなわち三宅氏の衣服には、身体と一枚の布との関係性が見事に表されているということである。そこに生まれる空間のありようが、さまざまな環境との関係性を生み出すという意図が読みとれる。

さらに、身体にまつわる要素には空間を生み出すにふさわしい素材の開発が不可欠だという姿勢が貫かれ、現代技術の可能性を常に追求している。それらの素材の存在と色彩への深い追求によって、独創的な形が生み出される。これはまさに建築の仕事だ。

建築は空間性と機能的組み換えによって、利用する人々の行動に新たな意味を与え、思考の改革を行うことを意図しているからである。建築は人間の身体を基準に空間すべてが構築されている。空間の質によって、人間の思考を豊かにすると同時に、制限することにもなる。まさに衣服も同じような世界を生み出しているのだと、三宅氏の作品を前にして思った。

また、会場設計も優れていた。導入部から次の展示空間へ、そして集大成ともいえる最大の展示で大空間に導き入れて、エピローグでは自らのヒストリーを壁面いっぱいに文字だけの表現で示すという、まさに起承転結が見事に整い、作品の流れ自体が天井の高い空間に分節的連続性を生み出していたことにも感心させられた。

そこでは身体を包み込む衣服という作品が建築空間と一体的に表現され、まさに三宅氏の仕事そのものが明らかにされていたのだと思ったからである。

一方、建築家は建築空間のなかに抱かれる人間の身体性をどこまで考えているのか、改めて身体性と空間、素材と色彩との関係性を考えさせられた。多くの建築関係者、特にデザインにかかわる多くの人に見てほしい展覧会である。

建築家・出江寛氏の見識に思う

2016年
4月8日

日本建築家協会の機関誌『JIA MAGAZINE』325号に掲載されている建築家・出江寛氏の寄稿「オリンピック新国立競技場を再考せよ」は、建築設計者にとって新国立競技場の問題に限らず、きわめて示唆的な問題提起である。

筆者も常々思い悩んでいたことではあるが、自然と建築の関係性である。出江氏は、あくまでも「記念建築物」に限ってとしながらも、それらの建築は「自然と融合するべきではありません。なぜなら、『記念建築物』は『その時代時代の文化遺産』となるからです」ときわめて明快に論じている。そこに、筆者は覚醒させられた思いで共感したのである。

しかしながら、寄稿文には多少誤解を招くおそれがあるように思われる。たしかに森のなかにたたずむタージ・マハルやアルハンブラ宮殿、さらにはシドニーのオペラハウスなど、どれをとっても緑に覆われるという想像はできない。それらが緑に覆われたら、もはやそれは廃虚である。誰も寄りつかない孤高の死の世界である。

それゆえに、記念建築物は自然と「対立」する存在であると出江氏は指摘しているのだが、そうした明確な二項対立が成り立ち得るのか、多少違和感がある。

建築は自然と融合するのでも対立するのでもなく、共存して穏やかにたたずむものであるとの理解を、現代の多くの建築家ばかりではなく、一般の人々もそうした思いを持っているのではないか。

とはいえ、現代建築は自然に対する畏敬の念からくる共存のあり方を忘れて、安易に植物の美しさなどを建築にとり入れて事足れりとしているようだ。そして、それが理にかなった正しい方向であると思い込んでいる。はたしてそれは正しいことなのだろうか。

例えば、芸術性の高い彫刻の場合はどうか。それらが植物(緑)で覆い尽くされることなどあり得ないだろう。緑に覆われ、その崇高な全体像が現れることがなければ、その作品の存在など無きに等しい。

さらに記念建築物とは、出江氏も指摘するように、そうした美的芸術性のみを追求する彫刻作品以上に「美学、政治、経済、技術、材料、ニーズ等を反映した」その時代を象徴するもので、後世において、それが存在する都市やその歴史、文化を知るうえで重要な手がかりにもなり、きわめて永続性の高い存在である。それゆえに「記念建築物」となるのである。もちろん、記念性が強くない通常の建築も社会や都市の共有財産である。

そのような建物についても、植物とのかかわりを安易に考えるべきではないと思う。垂直な壁面を覆う大規模な緑化なども不自然きわまりない。立ち枯れている植物の姿ほど見苦しいものはない。

植物は生き物なのである。省エネ対策や環境配慮という聞こえのいい言葉に惑わされて、こうした緑化を推進する傾向には疑問を禁じ得ない。大地に根づく草花や樹木とは異なる点を理解する必要がある。

自然への畏敬の念と、人間の尊厳がつくるものとしての建築を考えることの哲学、そして植物と建築の関係について、出江氏に改めて考える機会を与えられた。

英国のEU離脱とポピュリズム

2016年
7月1日

2016年6月24日、予想に反する英国のEU（欧州連合）離脱決定に対する驚きと混乱が世界を駆けめぐった。さまざまな立場の違いによる疑念や矛盾が渦巻き、この離脱の流れを誰も制御できなかった。時間の経過のなかで事態の推移を見守ることしかないというのが現在の状況であろう。

もちろん、英国のEU離脱問題はいまに始まったことではない。EU統合と自主独立の精神＝アイデンティティの存在意義との対立軸は常に解消されることなく、理想と現実の狭間で揺れ続けてきた。

しかしながら、今回の最大の問題はキャメロン英国首相の決断、すなわち困難な問題の解決方法として「国民投票」を選択したことだ。いうまでもなく、国民の一人ひとりは日常の生活の利害に左右されており、国家の大義を常に意識しているわけではない。

だからこそ、国のリーダーには国家の大義のもと、国民が抱える矛盾をいかに解決していくかという熟慮を問われているのだが、解決の見通しもないままに国民に決断を任せてしまったことは、リーダーとしての責任ばかりか、資格さえ放棄したことにほかならない。まさにポピュリズム以外の何ものでもない。

ひるがえって、日本でも同様のことがいえる。例えば、新国立競技場問題は国のトップの決断によって覆されたが、国の介入と国家の意思の放棄が重なった形で、誰の責任も問われることはなかった。これもポピュリズムの一種であることは間違いない。作品の評価はともかく、すべての責任が設計者（施工者と設計者のＪＶ）の問題に帰着することで今日を迎えている。

さらにいえば、現在の公共事業、とりわけ地方自治体のプロポーザル形式による発注も同様だ。審査の曖昧《あいまい》な実態が常に垣間見えるからである。どの応募要項を見ても似たり寄ったりで、自らの街をどのような方向に向けたいのかなどの提示（問いかけ）はほとんどない。いつも示されるのはコストや安全、景観、そして市民参加（ワークショップ）の推進である。

まず、地方自治にとっていま何が優先すべき課題であるのか、そして、そのために何をつくるかの議論があって、初めてコストや安全が求められるはずである。そうした見識すら見えてこない現状を憂いているのは筆者だけではあるまいが、市民におもねるばかりで、リーダーの見識（哲学）が見えないことが問題だ。それは設計者と住民にすべてを丸投げしているようなものだからである。

国や行政の責任、使命が問われる事態が相次いでいる。グローバル化が進展しているだけに、一見、国民の自由は加速度的に向上してはいるが、そうした自由を確実に保障するには、国や行政の大局観に基づく判断とビジョンが不可欠である。その判断から責任までを国民や市民に丸投げするという無責任なポピュリズムは許されるべきではない。

今回の英国のＥＵ離脱問題は、国際的な政治や金融にとどまらず、国内の身近な問題にも通じるものとして受け止める機会となった。リーダーの決断とポピュリズムの問題である。

どこでも図書館

2016年7月15日

成熟社会になって、人々の書物とのかかわり方が変わり始めている。身の回りにある書店が急速に少なくなっている。読書する人が減ったのか、スマートフォンなどのデジタル社会の利便性に乗り過ぎているのか、本屋が身近に存在している環境が失われつつあることを危惧《きぐ》している。居場所がなくなるような不安に駆られるのは筆者だけであろうか。

特に書店と都市の関係が変わりつつある。中途半端な品ぞろえの書店は、ことごとく撤退の憂き目に遭っている。生き残っているのは大規模な書店である。その一方で、成熟社会の内実を裏づけるライフスタイルの変化に呼応して、さまざまな個性や趣味に連動した専門コーナーを充実させ、特化した場所づくりが脚光を浴びている状況に注目したい。

例えば、カフェの一部に店長の趣味に合わせた独特なコレクション的書籍コーナーを併設する、あるいは食料品店に食に関する書籍をそろえ、ほかにはない感覚で楽しめる。アパレル関係のショップには衣服や繊維はもとより、染色の話題やデザインの歴史の本が置いてある。このように、特色ある書籍の展示と販売を合わせたショップや公共施設の複合的展開が市中に花を咲かせつつある。

筆者は、書物は常に身の回りにあってさまざまな日常的行為と関連づけたり、休息のなかでものごとや思考の橋渡しを果たしたりするものだと常々考えてきた。そうした考えが現実化してきたことをうれしく思っている。さまざまなショップでの買い物の合い間に、そこにふさわしく選ばれた書籍に触れる。楽しくてしようがない。

市中全体が図書の個性でいっぱいになる。行きつけのショップにはさらなる希望を申し出て、書物の分野を広げてもらうことも可能にして、常に街のトレンドを反映する書籍のあるショップづくりを目指す。

すなわち、ショップのにぎわいと合わせて個性的な書籍のある場所が出現し、街全体があたかも図書館のような雰囲気を醸《かも》し出すことになる。置いてある本がコミック本であっても構わない。趣味の雑誌だけ、あるいは、きわめて専門的な書籍ばかりの場合もあるだろう。それぞれのショップの雰囲気に見合った見せ方ができていればいいのである。

一方で、大型のあらゆる分野の書籍がそろう書店も不可欠だろう。そして、公共図書館がそれらを補完する。なぜなら、公共図書館は市中のニーズを迅速《じんそく》にとらえることが苦手だからであり、予算とのせめぎ合いのなか、常に平均的平等性が求められるからである。公共図書館へ出向いて常に思うことは、読みたい本との出会いが少ないことだ。

もちろん、ツタヤ図書館のような事例もある。それはたしかに本との付きあい方を考えた書店としての考え方や傾向の反映であるが、筆者が考えているのは、多くのショップとのコラボレーションである。それをさらに拡大して、都市全体を個性的な書店の複合体にすべきではないかという思いである。

書物を身近なものにする文化を目指して都市のあり方を変え、ショップのあり方を通してライフスタイルの変化に応える都市の形を考えていきたい。

国立西洋美術館

2016年
9月1日

国立西洋美術館（1959年竣工）の世界文化遺産登録が決定し、近代建築部門では初めての快挙として、お祝いムードが湧き上がっている。近代建築の世界的巨匠であるル・コルビュジエの作品が日本にあること自体が奇跡的なことであり、その奇跡は当時の若き日本人建築家たちのお陰であることは間違いない。

それは日本からル・コルビュジエのもとで学ぶために海を渡った2人の建築家、前川國男と坂倉準三である。彼らの活躍がなければ、日本にル・コルビュジエの作品は存在しなかっただろう。

この美術館の原形は、1928年に発表されたムンダネウム（Mundaneum）構想の理念に基づいたものである。ムンダネウムとは、その提唱者であるベルギーの思想家、国際主義者のポール・オトレによれば、国際団体の総本部であり、その理念は「人類の統一であり、よりよい文明を目指した自由な連合の働きであり、物質的・経済的・政治的ファクターに対して知的なファクターを重視し、それを第一義的なものにすることであり、そうした知的なファクターの組織化・編成化を確かなものにしていくことである」という。つまり、世界の文化的中心となるべく構想された「知の一大拠点」である。いわば知の理想郷だといえるだろう。

ル・コルビュジエはオトレの依頼により、いとこのピエール・ジャンヌレとともに、ジュネーブを計画地として、その都市計画と建築群の設計を行っている。そのプロジェクトの中心的施設として構想されたのが、ピラミッド型の巨大な「世界美術館」である。

このアイデアがやがて国立西洋美術館の原形となる「無限成長美術館」のアイデアへと進化す

る。実現した「無限成長美術館」には国立西洋美術館のほか、インドの「アーメダバード美術館」（1957年）と「チャンディガール美術館」（1968年）がある。

しかしながら、「世界美術館」の提案に対する批判を受け、ル・コルビュジエは生物の成長という自然法則に倣《なら》った「四角いらせん形美術館」を構想した。それが彼の美術館に対する基本的コンセプトである、増築の可能性を無限に拡大できる「無限成長美術館」につながるのだ（ここでは多くをル・コルビュジエとオトレによる冊子『ムンダネウム』（筑摩書房、2009年）に拠《よ》っている）。

国立西洋美術館にはル・コルビュジエの建築思想の基本的要素が盛り込まれていることは、いまさらいうまでもない。例えば、建設エレメントのすべてが黄金比に基づく独自の寸法体系「モデュロール」により標準化されているということやピロティの存在などだ。さらには、らせん形およびスバスチカ（卍）の形に配置された展示回廊などもあげられよう。

もちろん国立西洋美術館の建物に、ル・コルビュジエのコンセプトや理念がすべて整って見られるわけではない。各所の寸法や材質、ディテール、さらには増築などにおいて、日本の感性と制約が必ずしも彼の理念を十分に表現しているとはいえない個所もあるが、建築とはそういうものではないか。

いずれにせよ、批判を超えてル・コルビュジエの精神の一端に触れることができる喜びには感謝したい。

現代建築と和風

2016年
9月5日

リオ五輪のフィナーレで、安倍首相がゲーム・キャラクターのマリオに扮して登場したことが話題になった。次回の2020年の開催地、東京を強くアピールしたのである。いよいよ東京五輪へ向けて、国内のみならず、海外からも日本への関心が高まる気配だ。

事実、外国人観光客も予想を超えて拡大する気配で、すでに2016年度末には2000万人の大台を突破する勢いだという。さらに、2020年には4000万人を超えるという試算もある。

世界最大の観光立国フランスでは8000万人台が定常化していることを考えれば、日本はまだ観光国とまではいえないが、世界からの関心が高まりつつあることはたしかだ。アニメなどクール・ジャパンはすでに世界に轟《とどろ》いているが、観光地としての関心も西欧的感性とは異なる日本的感性に向けられたものだろう。

シュペングラーの『西洋の没落』で予見されたように、西欧の閉塞感が強まっており、EU（欧州連合）ばかりか米国、そしてロシアさえも、もはや19世紀から20世紀の面影はない。中国などのアジアの台頭が著しくなったことも一因であろうが、やはり支配的優位にあった「西欧的」なる価値観そのものが、閉塞的状況を生み出しているのだろう。

一方、建築界は世界の環境問題に対してそれぞれの立場で取り組みを進化させつつある。国や地域ごとにアプローチや素材の選択、表現方法などは異なるが、低炭素社会に向けた建築界の取り組みは各国で活発化し始めている。

そのなかで「木の国」日本では、伝統的な木を使用した建築の見直しが進んでいる。もはや木材の弱点はさまざまな技術的方法によって解決されつつある。合理的な科学的方法により、現代に求められる機能や用途に耐えうる性能を実現しながら、優しさや肌触りなど伝統的で自然な木の特性も担保し、コンクリートや鉄といった近代建築の絶対的王者に迫りつつある。

さらに、そうした木を題材とした現代建築は総体として「和」のテイストを受け入れ、海外の観光客の「おもてなし」の空間として脚光を浴びつつある。せっかく日本を訪れるのだから、日本らしさを満喫できる和の空間、旅館に滞在したいということだ。

しかしながら、現代の都市空間においてはそうした「和」の空間を持った建築を、すべて日本古来の伝統的な工法だけで成立させることは困難だ。それゆえ、現代の技術をもって和の空間を成り立たせる「和風」建築が生み出されたのである。

それが最近のさまざまな社会的要因によって、脚光を浴び始めたといえるのではないだろうか。大都市東京のど真ん中に最近できた「塔の日本旅館」と銘打った「星のや東京」もそうした傾向をいち早く取り入れた話題作である。

そうした現代建築の傾向を表すのが「和風建築」という言葉である。この言葉はそれほど新しいものではない。現代建築は伝統的な木造の手法だけでは成立しにくくなっているからであるが、「和風」がこれほどまでに脚光を浴びている今日、これからの現代建築をどこまでリードしていくのか、注目したい。

いま、こだわりのインテリアへの関心

2016年
9月13日

「都市・社会に開かれた建築」とは、近年とみに使われるようになったフレーズである。いうなれば都市と建築は「メビウスの帯」のように表裏隔てることなくつながった概念ともいえるが、その前提には常に「大きな都市」があった。

しかしながら、最近、街中を歩いているといままでとは何か異なる気配を感じる。以前の経済活動や都市のダイナミズムとは異なって、人口規模・構成や成長が鈍化した「シュリンクした社会」、すなわち成熟社会にふさわしい安心感や居心地のよい空間、居場所が求められるようになってきたからだろうか。

大規模な開発が進行する地域にあっても、街のスケールがそれまでと異なるヒューマンな世界をとり込み始めている。「どこでも図書館」などもそうだ（138ページ参照）。現代社会の傾向として、街に対して人々が安らぎと潤いを求め出していることはたしかなのである。

巨大都市東京でもきわめてインティメート（居心地のよい）な癒しや安らぎを感じる店舗やカフェ、レストランが新たな風景をつくり始めている。雑貨店などの小物を扱う店舗もにぎわいをみせ、インテリアと商品が一つの空間として魅力を放っている。都市空間が建築の内部の魅力で成り立っているようだ。

近代社会においては都市空間はもとより、建築も経済の爆発的な成長にリンクして、そのダイナミズムをすべての点において体現していた。しかしながら、今日の社会はそうしたダイナミズムとはかけ離れた成熟社会ならではの歩みとなり、安らぎや気楽さなどを醸《かも》し出す空間に抱かれたいという欲求が強くなり始めたといえるのではないか。

ダイナミックに成長する都市空間に対する近代建築の志向は、その外形（時間的変化に耐える建築の形）へのこだわりであった。内部空間も外形の勢いにふさわしく、都市空間を建築の内部に大胆にとり込んだような大きなアトリウムや巨大な仕かけをつくることを目指していた。

しかしながら、そうしたデザインはヒューマンな肌触りを感じとれる空間とはかけ離れた面もあった。むろん、すべての建築空間がそうであったとはいわないが、近代の成長は個々の人間を扱うというより、それらを群として、あるいはシステムとしてとらえて計画のなかに組み込み、都市の勢いにすべて連動するように出来上がっていた。

一方、最近の成熟社会においては、都市空間の建築の内部への浸透はヒューマンなスケールで進行する。例えば、心地よいカフェや雑貨店、洒落た空間の服飾店、居酒屋など、いわばメビウスの帯の裏側に関心が集まるようになってきたといえるだろう。

現代の建築の内部空間はスケルトン・インフィルで、構造躯体に関係なく、消費社会の動向や感性に敏感に反応し、手軽に改装、変容できる。「身の丈にあった」空間や場所へのこだわりを表出しやすいのである。

もちろん、メビウスの帯の裏は実は表でもある。こだわりをもったインテリアが都市空間に新たな意味と大きな変容を生み出すことになろう。注目していきたい。

保守的建築と革新的建築

2016年
11月10日

ある新聞紙上で思想家の佐伯啓思氏が保守とは何かを述べていた。安倍首相が保守だといわれるのは、単純にいえば米国との同盟重視だからだとされている。しかしながら、米国は自由や民主主義の世界化を進め、絶えざる技術革新によって社会構造を変革する進歩主義的な国である。その国との連携を進めることが保守であるなら、日本で使われる保守と革新の定義やイメージは奇怪な話だという記述に引きつけられた。それほど保守と革新を二項対立的に考えることに矛盾があるのだ。

建築の世界でもその言葉はよく使われる。保守的、あるいは革新的建築という言葉だが、保守的建築は否定的ニュアンスが含まれており、革新的建築には好意的な気持ちがあるようだ。

一般的に、伝統や既存の力学に沿うことや慣習的秩序や類型的手法にのっとることは思考停止だとして否定的にとらえられる傾向が顕著である。一方、新しく考案された技術に基づく建築や、慣習的秩序にとらわれず新しくて変わった表情をまとった建築が評価される傾向がある。

建築は過去のさまざまな要素の組み合わせによって成り立っていることはいうまでもない。床があって壁があり、そこには窓が取り付けられ、そして屋根がある。こうした部位の構成は古来よりほとんど変わらない。しかしながら、建築を大きく変えてきた要素もある。構造と材料、そして付帯的設備の革新である。

構造的革新とは、例えば鉄鋼業の発展によってそれまでのメイソンリー(組積造)的手法から鉄骨の骨組み構造が出現したことなどが代表例であろう。最近では免震構造や制振構造などの新技術が建築の新たなステージを示している。

さらに、付帯的設備も長足の進歩を示してきた。例えば、ＬＥＤや有機ＥＬなどの照明、エレベーターや空調機など、その変化には驚くしかない。しかも、現在ではＩＴ技術が驚くべき革新的進化を建築のさまざまなレベルにおいて実現している。

しかしながら、先にも述べた建築の本質は基本的には不変である。その本質に付加されるものの大きさが革新の範囲を決めるのであろう。その意味では、保守と革新には明確な境界はなく、両者は常に混交し、その程度によって保守と革新の違いが見えるということなのである。

建築は時代に生きている。それゆえ、革新だけの建築もあり得ないし、保守だけの建築も存在しない。博物館の資料的価値を問うことは、現在に生きる建築を語ることにはならないからである。間違えてはいけないことは、建築とは単なる機械的装置でも実験室でもないということである。実験室がきわめて革新的であっても、建築の一部の性能を確認するための手段に過ぎない。

その成果を複雑で総体的なプログラムにどのように援用できるかを考えることが建築化の意味だからである。その援用の仕方が革新的であっても、それを直ちに革新的建築と呼ぶことはできない。佐伯氏がいうように、革新は保守のうえに成り立ち、保守は革新があってこそ生きるのである。

省エネの独走——求められる総体としての快適性

2016年
11月10日

最近気になることの一つに、このところの省エネ建築に対する「過大評価」がある。特に省エネルギーにかかわる評価手法の問題、すなわち既存の施設に対して何パーセントの削減効果があるかという評価基準である。そこには、もっともらしい目標値が頻繁に登場するが、では、その基準となる「既存施設の数値」とは一体どういうものなのだろうか。

それは、類型的な施設の平均値とされているようだが、しかしながら、そのような数値が明確な基準として通用するとは到底いえないのが現状である。建築という複雑な総体に対して、それほど簡単に省エネ効果を比較することなど、所詮《しょせん》できないことなのである。

複雑な環境下での建築数値の定量化は困難

建築は、自動車や飛行機など機械的にパッケージングされた乗り物や、冷蔵庫などのような閉じた空間を持つ機械的存在とは基本的に異なる。建築は、周辺の自然環境など、さまざまな個性やニーズ、多様性に応える特殊解である。

仮に実験室のようなきわめて限定的な環境下で定量的な比較を行ったとしても、建築が置かれる複雑きわまりない環境で、その結果がどう変化するのかは見極め難い。その意味で何をもって省エネというのか、考えただけでもその困難さは理解されよう。

また、省エネ基準の側面からいえば、最近の大型オフィスビルでは数値目標をクリアできるといわれるが、それは周囲の環境から切り離され、自己完結的に閉じたきわめて人工的な環境下での話であり、ビル単体だけの数値目標達成のためにエネルギー効率と快適性を追求した自己中心的な「建物」の姿でしかない。建築は実験室の延長という単純なアナロジーでとらえられるべきものではない。

もちろん、数値は一つの指標にはなる。しかし、その数字を援用するにあたっては、新薬開発において動物実験に始まり、臨床試験によって人体への影響を考慮する必要があるように、建築もまた、生きた人間・社会との共生関係から考究される必要がある。

また、自動車や冷蔵庫における環境変数に比べ、建築の複雑さ、多様性の高さに基づく変数は比較にならないほど多い。建築とは、そういう機械とは違ってきわめて複雑な生き物のような存在なのである。

利便性の追求自体は建築存在の意義の喪失へ

最近では、そうした複雑性に応えるため、ＡＩ（人工知能）やＩｏＴ（モノのインターネット）などのハイテク技術を用いてさまざまな利便性を高めようという動きも見られるが、利便性の追求自体が「建築という存在」の意義を喪失させていることに気づいていないのではないか。単に温湿度、音や光の条件が目安になるというものではない。

また、センサーの組み込みなど、ＩＴ化による過剰な仕かけもときには煩わしくなる。建築とは、そこで暮らす人間とのやりとりのなかで、ともにつくりあげられていく存在であり、自動車や冷蔵庫のように、簡単に買い換えられる存在ではない。このことが建築を建築たらしめていることを考えてほしい。

閉じた環境のZEB化は人間不在の不毛な問い

その意味では、再生エネルギーを積極的に活用してエネルギー消費量をゼロにするというZEB(ネット・ゼロ・エネルギー・ビル)化にも疑問を感じる。人間が常時住むところではない、限定的に閉じられた環境下でなら価値を認めることもできるが、総体的な建築環境から見た場合、ZEBとは何を問おうとしているのか。それが不毛な問いになることは明白である。

仮に、そうしたアプローチが成り立つとしても、再生エネルギー最大化のために人工的な装置を増大化させることは本末転倒である。それは、ただ実験室としての効果を測定することでしかない。その結果の利用は建築の問題にはなり得るが、それをどう組み立ててストーリーにしていくのか、それこそが建築が本来かかわるべき世界である。

建築は、根源的に建築それ自体でパッシブに自然環境と向き合い、必要とされるときに人間の弱点を補ってきた。人間はさまざまな支援テーマを考え、建築という物語を補足してきたのである。冷暖房装置はまさにその典型であり、照明、エレベーターなども人間を補足する道具として進化してきた。そうした装置の発達が建築の領域を拡大して、人間の行動範囲を広げると同時に快適な社会を実現し、生活環境を向上させてきた。

しかし、建築がそうした「補足的役割を担う道具」をどのように利用し、新たな世界を構築するのかという問題を意識しなければ、建築の総合的な意味が失われる場合も少なくない。行きすぎた装置化は、むしろそこで暮らす人たちと建築との共同作業を阻害するだろう。過剰に整備された人工環境下で暮らすことははたして望ましいことなのか。装置化された機器の待機電力なども、余分なエネルギー消費を高めかねない。

パッシブな工夫で省エネ効果を最大化

もちろん、エネルギー消費を削減することだけが重要ではないことはいうまでもない。まず、何よりも建築は、パッシブな工夫により省エネルギー効果を最大限に発揮させる努力がなければならない。そして、既存のエネルギーのベスト・ミックスをまず考えることが本来のスタンスであろう。

私たちの文明社会は、多くの試みと否定、そして精化(リファイン)の繰り返しによって今日があり、未来を迎えることができる。それゆえ、むやみに太陽光発電など再生エネルギーといった限られた方向だけに舵をとるべきでないことを強調しておきたい。建築が複雑な総体であることを踏まえ、エネルギー問題も含めた建築の概念の再構築を図るべきであろう。

建築は、そこで暮らす人々や地域との長い付き合いによって、その時々に見合った調整を試みていくことが大切だ。人間はむろんのこと、建築もまた生き物であるという考えが必要なのだ。そうした考えのもとに、建築は豊かさや快適さを備えた存在へと成長する。修繕や補修、改装を経て、さまざまな進歩や変化の価値をつなぎ、サステナブルで美しい都市環境に寄与する。

古い歴史的街並みや景観の美しさは、そうした日々の努力の積み重ねによって成り立っている。建築と生活をともにするとき、総体としての「快適性」をどこに求めるべきか、その重要性を指摘しておきたい。

フラットの時代からジグザグへ

2017年
1月27日

20世紀の近代建築はユニバーサルな均一空間に象徴され、フレキシブルで多様性を受け入れる建築が主流をなしてきた。民主主義的な社会的潮流と工業化や量産化に象徴される生産システムとも連動し、形態もそうした流れを受け入れてきた。建築は大衆社会の成長が生み出す幸福感、豊かさを表す指標として、まさに社会の近代化を体現してきたのである。

しかしながら、そうした近代化の潮流によって物質的に満たされ、時代が成熟社会へと移行しつつあることに異論はないだろう。かつて大衆化と近代化は、常に同じベクトルで目標を志向していたが、そうした一定方向のベクトルは消滅し始めている。現在では個性や興味、関心の振幅の大きさによって示される「社会の脱リズム感」が現実なのではないだろうか。ライフスタイルが人それぞれであるようにである。

そして、建築の世界にも同様な傾向が現れ始めているようだ。近代建築の不文律ともいえた鉄、コンクリート、ガラスといった素材によって出来上がった建築のフラットな姿から、木材などに代表されるマージナルな素材や手法への関心の高まりによって、これに代わる新たな潮流を生みだし始めたようにみえる。

近代の定常的リズム感に満たされた世界から、「脱リズム感」を目指す飛翔が始まったといえるのではないか。均質な空間や表現とはあきらかに異なる、いわばジグザグな空間や表現が身近になり始めた感がある。平面的問題というより、空間そのもの、とりわけ屋根や天井の形態の変化に示されている。

そうした屋根や天井の形態の妙味が空間に深みを与え、さらに、室内に導入される光と影の変化は、こうした天井や屋根の形態の変化にきわめて敏感に同調することになる。フラットな屋根や天井では成し得ない空間の深い味わいと個性が生まれることになるのである。

それをジグザグという言葉で表現してみたが、ライフスタイルの多様性や個性、関心の異なる世界に寄り添える空間、建築が求められ始めたということの表れであろう。先に述べたとおり、木材などの素材への関心が高まったこととも関係はしているだろうが、むしろ脱近代化して成熟社会へ向かっている現代ならではの現象であり、個々人の個性に深くかかわりながら起こっている変化であることはたしかであろう。

しかし、そうしたジグザグな世界は、近代建築が社会に対する応答として示してきた世界観とは多少異なる。個別のニッチに応えることは豊富な実例を生みだすことはできるが、それがそのまま社会の未来を見通すための共通言語にはなり得ない。

危険なのは、建築という社会的所産が個人的マニアックな世界に深く踏み込んでしまい、芸術や美術の世界に近づき過ぎることである。建築は彫刻や絵画という純粋芸術ではないからだ。この境界を定めることはきわめて困難ではあるが、それを考えることが、いうなれば建築なのである。

ジグザグの表現は魅力的な側面があるだけに、魔物も潜んでいることを忘れてはならない。それは建築家の使命でもある。

素材の開発と時代が生む建築

2017年
2月28日

2016年の年末から年明けにかけ、久しぶりにヨーロッパに滞在した。休暇の名目ではあったが、EU(欧州連合)がどのような状況に置かれているのか、英国のEU離脱が何をもたらそうとしているのかを自分の目で確かめたかったのである。

また、米国ではトランプ大統領の誕生前夜でもあり、世界情勢が驚くほど大きく変わろうとしている状況下で、日本はどのように見えているのかなど、政治的関心が尽きない滞在であった。

とはいえ、こうした状況下にあっても建築家としての習い性である都市や建築に対する興味は耐えきれず、各地の現代建築はもちろん、近代建築や古典建築を見て歩くことになった。

とりわけスペイン・バルセロナでは、アントニオ・ガウディの名作「グエル邸」の内部空間に大きく触発され、改めて現代建築、そして近代建築がもたらしたさまざまな功罪について考えさせられることになった。

工業化が大衆社会つくる

近代社会は、17世紀に始まる市民革命、そして18世紀後半からの産業革命が引き金となって工業化と大衆社会が強く結びつき、19世紀から20世紀中葉にかけて工業化社会として開花した。そこで大量に生み出された安価で質の高い製品は、画一的で均質化されたものでありながら、広く社会に浸透し、大衆社会というトレンドをつくりあげることに貢献してきたのである。

建築においても芸術と技術を融合させようとしたバウハウスの運動などにより、近代建築が生まれることになった。近代化のイデオロギー表現としての建築は、多くの建築家や芸術家、工芸家に支えられてきた。とりわけル・コルビュジエのドミノシステムや近代建築の五原則、あるいはミース・ファン・デル・ローエのガラスの建築やユニバーサルな空間表現などは、いまに至るまで有効な建築手法として現代建築に生かされていることはいうまでもないだろう。

しかしその一方、新たな素材の開発と建築への応用にはさまざまな功罪が混ざり合ってしまっている。開発当時はきわめて有用であったとしても、時代を経た後の社会からみれば多くの問題をはらむ素材は多い。有用性、すなわち「功」がそのまま、あるいはそれ以上にその価値を評価されている場合はよいが、その逆、つまり「罪」とされる場合をどう考えるかという問題提起である。

素材がもたらす功罪とは

近代建築を牽引《けんいん》してきた建築の主要な構成素材はコンクリート、鉄、ガラスである。それらはあきらかに「功」として建築に寄与してきた。さらにはアルミやステンレス、チタンなど、建築で使われる素材の開発も次々に進められ、安価に量産化されて活用されているという事実は、現代社会の要請にも確実に応えているという「功」の側面が強い。

さて、建築は古来より重力の克服、重力からの解放という命題を背負わされてきた。近代建築においては建築構法はもちろん、建築素材についても工業化を背景にさまざまな軽量化への取り組みを行ってきた。

ここで特に強調しておきたいのは、経済的合理性への強い傾斜である。製品価格を下げるためには大量生産することが必須だが、同時に製品自体の汎用性を高め、さらに高性能化することも期待された。そして、それが工業化と近代化の最終目標とされてきた。高性能でありつつ安価でなければ市場は受け入れない。こうした相反する課題を超えることができた素材の多くは、近代建築から現代建築へと受け継がれてきている。石油を原料とするプラスチック樹脂製品が代表的なものであろう。

安易さが空間の個性を殺す

しかし、本稿で特に考えたいのは「プラスターボード」という素材の功罪についてである。耐火性、防火性、遮音性、断熱性に優れ、軽量で加工性も高く、そのうえ廉価であるという秀《ひい》でた性能を持ち合わせており、建築空間を構成する手段として見た場合、まさに近代建築が志向していた画一化・均質的空間、フラット表現などという方向と完全に一致していた。これまで、これほど時代の要請と建築思考が完全に合致した素材はなかった。

しかしながら、下地材とはいえ、そのパーフェクトな性能による使い勝手のよさゆえに多用されることで、かえって空間の個性を殺してしまう傾向を助長させてきた。空間のフラット化という近代建築が向かうべき方向にこの素材の特性がマッチしたから、多用されてきたのはいうまでもない。天井材によく使用される岩綿吸音板なども同様である。

では、建築においてこのような素材の功罪はどこにあるのだろうか。端的にいえば、設計者や使用者の素材の選択を安易なものにさせてしまいがちだということだろう。そうであれば「安易な思考」に陥らないよう、素材の選択について原材料に至るまで、さらなる吟味が必要になるだろう。あえていえば、素材の選定とは、現代社会の複雑さ、成熟性、予測不可能な混沌のなかにいる建築家がとるべき建築に対するスタンスの問題でもある。

材料が決める建築の様相

それは行きつくところ、個の存在のプレゼンスに収斂《しゅうれん》する。その意味でも、個性豊かな感性とニーズに応えるため、現代建築には表現の多様性にも対応し得る材料の選択が不可欠になるということなのだ。

ここで冒頭の話に戻ろう。グエル邸の内部空間についてである。例えば、重厚な立体感を醸《かも》し出す寄木細工による天井や壁面は、部屋ごとにデザインが変えられ、多様に表現されている。そのほかアイアン・ワークをはじめ多種多様な素材を用いて表現された重厚な個性が空間を支配している感覚に圧倒された。現代建築のプレーンでフラット、均質的な空間とは無縁なのである。

こうしたグエル邸での体験、すなわち多様に設《しつら》えられた個のための空間体験によって、筆者は現代社会、あるいは近代建築から現代建築に対する問題意識と出遭い、空間の表現と素材との関係の深さ、また素材それ自体の功罪について多くを考えることになったのである。むろん、功罪の振れ幅は一様ではない。評価と選択の幅は設計者、使用者に委ねられている。しかしながら、ここでは一つの問題提起として素材が決める建築のありようを考えてみた。旅から始まった、近代建築から抜け出て久しい現代建築への一つの回答である。

高層住宅の緑化（垂直の森）という考え方

2017年
3月7日

高層型住宅は日本では「タワー・マンション」と呼ばれているが、そうした塔（タワー）のそびえ立つ光景は、都心に限らず地方や郊外においても日常の風景になりつつある。誰もその高さに驚きを表すことすらない。

大地に住む人間は古くから自らの英知により、高くそびえる塔に住むことを思い描いてきた。事実、古くて新しい存在として人類の歴史のなかでもさまざまな形で登場する。古くは旧約聖書の創世記にも登場するバベルの塔がある。これは人類への警鐘の意味で登場したものである。また、同じく旧約聖書に登場するシバの女王で知られるイエメンには古い高層住宅が存在する。

しかしながら、その夢が実現したのは20世紀になってからである。超高層の建築技術の確立により、住むことへの安心・安全が保障され、さらには土地の有効利用と高密度化など社会の近代化とともにタワーは市民権を獲得した。立地や眺望のよさなどを理由にいまだその人気は衰えることを知らない状態である。

さて、そうした高層ビルでは地上の世界との密着性、すなわち接地性が遠のくばかりである。それを補うために、本来、大地にあるべき緑をさまざまな技術を駆使して建築物や工作物に張りつけることが時代のトレンドにもなっている。大地を希求する人間の願望なのか、とりわけ高層住宅の緑化のトレンドは確実に世界に広がりつつある。

例えば、現在ガイドブックにも載るほどの観光名所にもなっているイタリア北部ミラノの中央駅近くにあるタワー・マンション「ボスコ・ヴァーティカル」（垂直の森）である。このタワーにはさまざまな高木、低木など多彩な緑が植えられており、まさに文字どおり垂直の森のようなタワー住宅である。

しかしながら、こうした緑化のあり方は中央大学教授の石川幹子さんによれば、偽物の森ということになるのではないか（朝日新聞２０１７年2月21日付）。筆者も、いま世界でいわれている「自然共生」の考えにはなじまないと思う。コンクリートの寿命は50年であるという事実を考えれば、そこに育った緑は建築の劣化とともに破棄されることになる。

緑は本来、大地に末永く成長と変化の歴史を刻むものである。そして、人間の営みとともに社会や景観をつくり出していくものなのである。大地を離れた緑は所詮《しょせん》、鉢植えの緑と同じで長らえることはない。人知を超えたところに植物の生育は存在するということを考えなくてはいけないのである。

広大な公園の植物は人為的に設《しつら》えられるが、自然に放置されても育つ環境を約束されている。そこに植物の営みの余地が残されている。人間は永続的に手を加え続けられる環境を保障することはできないことを、計画に織り込まなくてはならないのである。

「人工地盤上の緑や小川は本物とはいえず、１００年先を見通せる杜《もり》は望みようがないのです」という石川氏の言葉は平易だが、意味深い言葉だと思う。建築は「地上の緑」と対峙《たいじ》することで美しくあることができる。そして、緑もまた自然の姿が建築に映えるのである。

金融都市構想

2017年
3月31日

小池百合子都知事が推進する政策の一つに東京の国際金融都市構想があるが、こうした構想は何も小池都知事だけの発想ではない。バブル期以降、何度となくもちあがってきたが、ことごとく頓挫《とんざ》し、立ち消えになった。

元来、日本の強みはモノづくりによる輸出貿易だといわれてきた。たしかに自動車などの輸出による外貨獲得に期待してきたところはあるが、日本はもとより輸出型立国ではない。そのうえ、技術的にも途上国の勢いに押されている感がある。その意味で、日本はグローバルに世界を稼働させるサービス型立国に変わらなければならない。

さまざまな知的アイデアのもとに人や資金が動き、経済活動を刺激して、社会に活力を与え、都市活動にダイナミズムを生み出すのである。そのための日本、そして東京の課題は、まさに新たな経済活動のあり方の創出である。モノづくりや地方創生というキャッチフレーズに惑わされる必要はない。世界の内実は確実に変わりつつあるからである。

人類(ホモ・サピエンス)の進化と現在置かれている状況を分析したイスラエルの歴史学者ユヴァル・ノア・ハラリは、人類が虚構という抽象的概念を駆使していつでも可変可能な世界を構築し、虚構を現実化させる能力を持ったことを強調する。そうした能力によって、大勢の見知らぬ人同士が柔軟に協力し、社会を動かすことが可能になった。その結果が現在であるという。

その指摘に従えば、グローバル社会の本質はいうまでもないことだが、日本の代表的な都市東京が経済的リーダーの役割を担うことは必然だろう。すべての都市がそうなるわけではない。これはなるべくしてなる東京の姿である。
さて、そのときの東京の都市構造はどのようになっているのだろうか。20世紀のニューヨーク・マンハッタンやロンドン・シティのような超高層ビルが林立する人工都市のイメージではなかろう。直線的に志向される近代的プロセスではない、ダイバーシティ型都市構造こそが問われる必要がある。環境や自然との調和、多様な人の交流などを組み込んだ「空間」を備えた金融都市の姿である。

何よりも重要なことは、人類の進化というハラリの「虚構」と対峙《たいじ》する「空間」の演出である。虚構は勢いに任せば数学的仮想空間に突入して、現実との乖離《かいり》が起こる。コンピューターだけでない、リアルな世界が介入する空間が用意された都市のあり方である。
東京が世界に先駆けた金融都市を目指すのであれば20世紀型ではなく、まったく過去とは異なる、これからの都市にふさわしい金融のありようを反映した都市にすべきだ。人間が思考する場の環境を変えて、人間がより豊かさを共有できる金融都市とは何かということが問われる必要があろう。

人間を忘れた金融都市には存在意義はない。人々の交流の姿が見えない20世紀型摩天楼都市などあり得ない。経済活動も人間を考えないシステムだけで成り立つことはないからだ。緑や青空と人間を主役に、高度なデジタル空間が融合した都市の姿こそ、「金融都市東京」の真の未来像ではないのか。

美しく振る舞う

2017年
4月19日

　陸上競技に棒高跳びという種目がある。その棒高跳びに挑戦している青柳有香さんという若き女子選手がいる。２０１6年、国体など3大会を制して、注目されている選手である。棒高跳びという競技は高く飛べばよく、その高さが記録として評価されるのであるが、彼女は「高いだけではなく、美しく舞いたい」といっていた。

　その言葉に競技とはかくあるべしと教えられた。スポーツにおいて美しいフォームや流れが記録に結びつくものなのかどうかは分からないが、究極的にはそうなのではないだろうか。

　人間のパフォーマンスは美しく振る舞うことを念頭に置いて、主題を表現することが多い。舞踊や体操、陸上競技などである。また、美しい姿勢は正しい姿勢であり、健康面でも重要なことである。さらに食事の際の振る舞い、あいさつ、会話なども美しいことは心地よく、人の心に響くものだ。

　とりわけ建築の世界は、自然とは異なる造形を人知によって生み出す。その美が自然の景色や樹木と調和するのである。だからこそ、いうまでもなく建築は美しくなければならない。その基本的ポイントは、すべてを構成するジョイントのあり方が示している。部材と部材のつながり、空間同士のつながりである。その結果、全体の表情は多数のジョイントによって美しくもなり得るし、統一感や秩序を欠いた姿にもなる。

　どこをとっても美しい表情と個性を醸《かも》し出すことを目指すべきであることはいうまでもないが、それがなかなかできていない。どこから見ても美しくあるということは容易な考えではできない。

一つの着想から始まって、そのリファインを何度となく繰り返して到達するものであるからである。素材の選択も大きな意味がある。その空間に応えているかの検証もしなければならない。

文学の世界では、美しい言葉を使う人から美人が生まれるともいわれているが、美しい言葉は怠惰からは決して生まれない。美しい言葉とは、その言葉を使う人のすべてに表れるものであり、それは単にきれいな言葉ではない。不断の努力と学習の意志がなければ実ることはない。それは単にのつくりごとではないということだ。建築でいうすべてのジョイントに美しさが表現されなければ、美しい言葉も生まれることはない。いえることは美しく創るということ、美しく振る舞うということが何よりも重要なのである。

建築の世界に戻れば、20世紀初頭に活躍したシカゴ派の建築家ルイス・サリヴァンの「形態は機能に従う」という言葉が有名だ。機能的なものに美が宿るということなのであろう。しかし、美とはそういうものではないとしたのは丹下健三であった。彼は「美しきもののみ機能的である」といったのである。

「美しい」とは人間の感性に連動するものであり、美しく振る舞うことは新たな「自然を編み出す」ことなのではないかと考えている。それは自然を模倣することでもなければ、自然に媚びを売ることでもない。自然を美しく思えるのは、人間にしかできない能力なのだから。

選ばれた代表者

2017年
5月11日

小池百合子都知事の誕生は、既存の政党や政治への挑戦だったといえよう。その誕生に至る経緯がポピュリズムだといわれる一方で、大衆のことを理解しているのかということを疑問視する声もある。

米国大統領選挙でのトランプ氏の勝利もそうだが、フランスやイタリアなどでも既存政党への期待はなく、移民問題やテロ、労働環境の改善など、大衆にとって身近な話題を解決すると約束する候補者に関心が集まっていた。大義名分を持ち得た政党が集団的力学で政治をコントロールすることが容易でなくなったということであろう。

その最大の要因は、激しく流動して個人の存在が軽んじられる社会、それをグローバル社会と呼んでもよいが、そうした社会のなかで翻弄《ほんろう》される人たちの思いに、既存の政治家や政党では対処できなくなってきたということではないだろうか。

「選ばれた代表」が自らの信念に基づいて政治を運営するという時代は、いわば終わったのである。既存の政治家や政党ではサイレント・マジョリティの声を吸い上げることができないと宣告されたのである。

この現実は建築の世界をも大きく左右する。現代社会を動かしている大義名分や理念が見えなくなっていることと同義だからである。個々の欲望や利害に直結した社会を大衆は歓迎し、ポピュリズムが台頭している。

われわれ自身が選んだ代表者に間接的に託すというプロセス自体が疑問視されるようになり、

建築界でもばらばらな課題が山積されたまま、何一つ統合的に収斂《しゅうれん》されない現象として表れている。

近代建築は工業化社会と大衆社会の願望を一手に引き受けてきたが、もはや現代においては社会のあり方そのものが変わり、多種多様な建築表現も許容されるということなのだろう。その多様性をポピュリズムと呼ぶのは易しいが、それをいかに客観視するかも問われる必要があろう。

こうした状況下にあって、建築、とりわけ公共建築の設計者が選ばれる仕組みについても同様な問題がある。誰が何を決めるのか。選ばれた代表者としての選者は誰から何を託されているのか。何を根拠に建築家のアイデアを選ぶのか。

もちろん、ただ選者(審査会)の嗜好《しこう》に近いということではなく、発注者の意志や哲学に基づいているはずだが、それが地域やそこに暮らす人たちの思いとどのような関係を持つのか。そして、それがほんとうに公共性に応えることになるのか。

選ぶ側の代表者に存在意義を問うことは、いま政治に問いかけられている問題と同義ではないのか。公共性を担うにふさわしい選者の資質とは何か。そして、そうした選者に公共の社会の未来を託すことがどれほど可能なのか。現代という社会の声の反映、多様性、サイレント・マジョリティの声は行き先を見失い始めているようにもみえる。

先の新国立競技場のコンペでも、選者の資質と見識が大きく問われたのは記憶に新しいが、選者を選ぶ新たな仕組みを考えるときではないだろうか。審査の前の選者の選出の問題だ。選者の能力と、そこに託された発注者のガバナンス能力にも注目すべきであろう。

高齢化社会における都市の豊かさを再考する

2017年6月13日

新幹線を利用するたびに、車窓から見える地方都市の駅周辺に無秩序にまだらになって建ち並ぶ、中高層住宅（マンション）がつくる景観には失望させられる。しかも、それらの多くは5階建ての中層から14階建て程度で、片側が外部廊下になっている薄型の建築である。北側に向いた無表情な外部廊下の連なりが生み出す無機的な景観を見るにつけ、人間社会の裏側の憐《あわ》れみすら感じてしまうほどだ。

こうした現実はいうまでもなく、経済主導の利益誘導型社会がもたらした結果であろう。建築の貧しさはそのまま都市生活の貧しさを表す。最小の投資で最大の利益を生み出そうという願望が、住み手にも生産者にも広く行き渡り、その結果を当然のごとく受け止めている社会があるということである。

最低の機能は充足させながらも、できるだけ安くつくることで、取得への利便を図るというところがまさに経済取引の現実を表している。市場経済の仕組みが都市という公共空間にまで押し寄せているのである。

貧しい景観をもたらす利益誘導型の社会

筆者は、都市景観の多くがこうした軽薄な中高層住宅によって占有されつつあることを危惧《きぐ》している。しかも、地方都市の経済的落ち込みも、そうした現象に拍車をかけている。

雇用の場所が限定されていることとあわせて、人口減少と高齢化社会の現実が、交通の利便性が低く高齢者居住にはふさわしくない郊外から、利便性の高い都市の中心部へ移り住むという流れをつくりだしているのである。開発業者もそうした地域にはマンション以外に市場性はないと考えているのだろう、それでは企業誘致によって雇用の場が増えることはない。

一方で、地方都市の高齢化の現実は厳しい。移動手段がなく、郊外に住み続けるわけにもいかない孤立した老人たちの問題である。都心部に住まいを移す高齢者もいるなかで、大多数は現在住んでいる古い住宅の建て替え時期を迎えても、資金不足と高齢を理由に移動を拒否するなど、いっこうに都心居住が進まない。開発業者も現状のままでの改築や建て替えには対処できないという現実もあって、思うように問題解決の糸口を見いだせていないことが現状である。

本稿は、人口減少と高齢化などによって都市部の空き家が増え、都市の空洞化が進むなかで、はたして都市住居の高層化は必要なのかという疑問から出発している。そもそも、高層住宅がこれからの社会において居住空間にふさわしい場所なのか、現実に照らしても、その必然性は見えてきそうもない。

必然性が見えない住宅の高層化

近年の都市政策によって、都市は高密度化と高機能化に向けて集約化を図ってきた。また、都心で働き、郊外に暮らすという職住分離から、職住接近を志向する方向へ変わってきた。高層化も、こうした動きに同調して進められてきたが、それがほんとうに居住空間にふさわしいかどうか考え直す必要があろう。高齢者が高層住宅の高みに生活拠点を置くことがいかに理不尽で、不便なことなのかを考えるべきなのである。

これからは、むしろ安全で大地の自然に近接し、水や緑をじかに感じとれる暮らしをするために、低層の居住を実現することが必要であり、多くの人々との交流を促進させることが可能な都市空間を目指すべきではないだろうか。

居住者同士の交流も高齢ゆえに不可欠なのであり、誰もが助け合い、互いに見守ることができる社会が求められている今日、それはまさに高齢化社会に不可欠な都市空間のあり方であるといえよう。

筆者は常々、大都市を除いて高層マンションの建設は控えるべきであろうと考えているが、折しも一部の大都市圏では、老朽化した分譲マンションの建て替え促進のために容積率を緩和して土地の付加価値を高め、民間デベロッパーなどの開発業者の参画を促進し、さらなる高層化を目指す方針が示された。

いわゆる「旧耐震基準」の建物が対象ということで、東日本大震災のような大規模地震が起きた際の老朽化した建物の危険性に配慮した点では、一歩前進したということもできる。とりわけ、人口集中がいまだ続く大都市においては当然の措置との意見もある。

人口減と高齢化が政策の大転換を迫る

しかしながら、将来的にみれば、日本全土で人口減少と高齢化は避けては通れない時代である。都心部でも、空き家問題が深刻な状況を呈し始めている。そうした都市の空洞化・空き家対策が不十分なまま、単に容積を上乗せする政策では、問題を先送りするだけではないのか。

いま以上に深刻な人口減少と高齢化、そして建物の老朽化は、ほぼ同時期、およそ35〜40年先に起こることになる。結局のところ、これからの社会の動向に対する有効な解決策はいまのところ見当たらない。とはいえ、開発業者や既存居住者の金銭的負担を解消しようとする政策は、あまりにも安易すぎる方法ではないだろうか。

都市政策は大きな転換点を迎えたのだとする考えこそが、いま必要なのだ。工業社会がもたらした近代的産業構造の大変革が起こり始めているいま、都市空間の住み方を変えていくことは必然ではないのか。

都市に問われる社会変質への対応

例えば、先述の政策とは反対に、既存の旧耐震の高層マンションを、減少する人口に見合った低層型居住を可能とした建築に切り替える。そのためには付加価値の高い環境を整備するための新たなアイデアが必要になろう。

もちろん、高層マンションのすべてを否定しているのではない。若者と高齢者が交流するための「環境整備」は必要である。そのうえで、これからの社会の変質に対応できる都市のあり方が問われているのである。

高齢化社会という人類がいまだ経験したことのない社会の到来に向け、いまがその用意をすべきときであると認識しなければならない。都市景観が経済至上主義の餌食になって、軽薄で画一的な高層住宅が林立する見苦しい状態にさらされている現実を、いまこそ見直すチャンスなのである。

高齢化社会の現実とは何だろうか。その現実を前にして、経済的合理性と市場経済に媚びた容積緩和という手法がこれからの社会にふさわしい都市空間の形成に寄与することになるのだろうか。都市社会の豊かさとは何かを、強く再考しなければならない時期なのである。

建築空間における段差について

2017年
6月29日

建築の大義として安全で快適な空間を用意することは、法律で規定されるまでもないだろう。雨露をしのぎ、強い日差しや風から身を守ることは建築の役割である。しかしながら、建築空間には、そうしたプロテクト（守る）の概念以上に重要なことがある。

フランスの社会文化人類学者であるアンドレ・ルロワ＝グーランは著書『身ぶりと言葉』（ちくま学芸文庫）のなかで、住居空間について「全体として人間的な行動を表象したもの」であり、技術的な側面だけでなく、「周囲の宇宙に秩序を与える」と述べている。

すなわち、建築とは人間にとって精神的な一つの宇宙であるということであろう。もちろん、建築には物理的に人間の身を守る役割がある。法律は常にそこに注目するが、グーランの言葉を忘れては建築が本来の意味で建築にはなり得ない。

路面や床の段差を解消し、人間の移動を妨げる要素を取り除く法律がある。そうした配慮を前進させることに異議はないが、空間の意味づけや人間の精神的拠《よ》りどころを意図した場所づくりに床面の段差が必要な場合がある。

連続性を担保しつつ、空間に変化を必要とする場合など、床面に段差をもった区切りを設けることで快適さとある種の広がりが与えられ、空間に深い味わいが生まれることがある。段差のない、のっぺりとした変化のない床面だけでは意図した空間がつくれない場合もあるのだ。

もちろん、高齢者や障害者の移動には段差がないほうがいい。介助者のサービスがあるとしても、自立的に行動できることは高齢者や障害者にとっても望ましいことには変わりがない。

とりわけ、２００６年のバリアフリー新法の施行以降、その意義は高まっている。高齢者社会や２０２０年東京オリンピック・パラリンピックの期待に応えるためにも、公共施設の段差解消には前向きに取り組むべきである。国土交通省でも同様の建築設計標準が出されているが、あくまでも、それらは公共的利用の頻度が高い場所に限ったものである。すべての建築物に適用させるという趣旨のものではない。

そして、単に段差をなくせばよいというわけではなく、段差があっても、その段差による障害を解消するための、さまざまな支援方法を念頭に置いて建築はつくられるべきである。単に段差をなくし、当面の利便性だけが解消されればよいということではないのである。

建築については、往々にして物理的機能性や安全性ばかりが議論され、その方向に法律や規則が整備される傾向がある。例えば、吹き抜けがある場所に設ける手すりの高さや仕様などだ。しかしながら、高齢者や障害者ばかりが対象ではないはずである。子どもの行動も同じような問題を含んでいる。親や社会の監視も重要であろう。

そして、自己責任をいうのなら、安全を守るうえでの教育の問題も大きいはずである。他者に責任をすべて押しつけたうえで、物理的に建築で守るということなどできるはずもない。もし、そういう方向に法律を整備するならば、社会や家庭という存在には何を期待すべきなのか。

段差のない建築など面白くもない。

英国の決意とグローバル・スタイル

2017年
9月19日

世界の関心が極東にシフトしつつある。北朝鮮を取り巻く問題である。米国を中心に中国、ロシア、韓国、そして日本が北朝鮮の核をめぐる行動に振りまわされつつも、各国とも自国の立場を優先させ、膠着《こうちゃく》状態を生み出している。「譲歩と妥協」という対話的外交の気配もなく、「自国ファースト」の感は否めない。

さて、いまや世界の潮流は二つの方向に分かれ始めている。一つはエコノミストの水野和夫氏が指摘する「閉じた帝国化」である。米国のトランプ大統領が常に口にする「アメリカ・ファースト」という言葉に端的に表れているとおり、多くの国が自国優先で、グローバリズムとは正反対の姿勢をとり始めているという現実である。一方で、世界はもはや開かれており、それぞれのアイデンティティを持つ新たな社会が共存する多様性を認めあう立場もあろう。

では、EUの離脱を決めた英国はその後いかなる決意を持ち、どこを目指しているのか。2017年の夏、英国に滞在して分かってきたことがある。

EU(欧州連合)が決めた移民の受け入れをはじめ、さまざまな労働環境の変化によって、英国民の生活が圧迫を受けてきたことが離脱の主な理由であったとされてきた。そうした短絡的な理由も事実であろうが、それだけで、あの歴史的にも栄枯盛衰を経験してきた英国が「自国ファースト」を打ち出すわけはないだろうと考えていた。

その象徴が2017年1月のメイ首相の演説である。「グローバル・ブリテン」という言葉にその主張がよく表れていると感じた。

ＥＵも画一的なコードやルールを持つ一つの閉じた世界である。そうした閉じた世界のなかではなく、より開かれた社会、すなわち高い自由度を内包し、多様性を受け入れることができるグローバル社会のなかにあって、英国＝グレート・ブリテンのアイデンティティを示すことに、自国の将来があることを示す意志が読みとれた。

英国はかつて海洋国家として世界の各地に植民地をつくり、産業革命を起こし、金融市場を確立してきた。そうした経緯がメイ首相の演説に表れていたといえよう。

建築界にも「自国ファースト」と同じような潮流があることを危惧《きぐ》している。グローバル社会の多様性が持つ価値や可能性を忘れて、自国優先主義、保護主義というきわめて閉鎖的な世界のなかで、思考の画一性に染まって生きようとしているかのようだ。しかしながら、もはや人もモノも国境を超え、資本は世界を駆けめぐっている。世界はグローバリズムといういままでにない可能性のなかにあるのだ。

１９２０年代に個人や地域などの特殊性、多様性を超えて、世界共通の様式へ向かった建築の国際様式、すなわちインターナショナル・スタイルが提唱された。それに対して「グローバル・スタイル」とでも呼ぶことができる、個人や地域の個性、多様性を認めつつ、世界と共存するシステムを模索する、いままでにない新たな建築姿勢が出現することになるのではないかと期待している。

英国のＥＵ離脱に向けたメイ首相の言葉は、われわれが見失った多くのことを示している。

III 新たな農業を考える

シティ・ファーマーと都市の変容

2015年
3月20日

農業の危機については、日本のみならず世界でも深刻なテーマとなりつつある。世界の人口は2050年には90億を超える勢いである。この勢いでいくと、食料生産を現在の2倍に増やす必要があるといわれている。

人口は等比級数的に増大する一方、食料などの生活物資は等差級数的にしか増大しないというマルサスの人口論によらずとも、その解決へ向けた道のりは途方もなく遠く、険しいであろう。課題解決は容易ではないが、現実には進みつつある方向もある。日本の農業は世界的規模から見るとあきらかに零細である。日本が参加しているTPP（環太平洋戦略的経済連携協定）交渉でも、日本の農業を保護することに対して賛否両論の議論があって問題解決の糸口は見えていないが、現実を生き抜くための知恵は芽生え始めている。

注目したいのは、米国などの大規模農業ではない、都市の内部に小刻みながらも増え続けている小規模な都市農業（シティ・ファーマー）の現実である。とりわけビルの屋上や都市の隙間を利用した菜園や養蜂などである。高密度に発達した高層ビル群の屋上を積極的に活用して、新たな可能性を見いだそうというものである。

先進国の大都市では人口減少と都市部の空洞化などによる土地の空白地帯がまだら模様に増えつつあるなか、都市部の余白となっている場所の有効利用への期待を具現化しているのがシティ・ファーマーである。

その登場は小規模ながら、草の根レベルの農産物の地産地消の新たな形や食の多様化とも連動している。その流れは健康志向の高まりとともに、世界各地で実践され、着実に実を結びつつある。

例えば、『シティ・ファーマー』(白水社刊)の著者J・コックラル＝キング女史によると、自動車産業でこの世の春を謳歌した米国・ミシガン州のデトロイトでは、その産業の衰退とともに都市が荒廃し、1万2000ヘクタールもの空き地があるという。現在さまざまな団体が学校、小規模(家庭)菜園、コミュニティ・ガーデンなど1300カ所以上で農業支援を積極的に行っており、このような流れは毎年20パーセント以上の割合で増加しているという。

ミルウォーキー、さらにはシカゴなどの大都市でも小規模菜園の創出は始まっている。1〜2坪規模の広さから屋上やバルコニーにもその輪を広げ、平地から人工物を頼りに垂直に伸びるなど、さまざまな広がりを見せ始めている。英国、フランスをはじめ欧米各地ではそうした傾向が見られる。

日本でも屋上に本格的な農園を備え、そこでとれた野菜を提供する京都のレストランや銀座の養蜂など、さまざまな取り組みと同時に、食そのもののあり方(健康志向)までも変え始めている。身近な場所で新鮮な食材を利用した料理が提供できるレストランなどは日増しに増えている。

既存の都市のなかで小規模ながら、大規模農業とはあきらかに異なる自給的食料生産を育んでいくという考えが定着し始めたのである。都市の変容が始まったといってよいのではないのだろうか。

黒い土を見直そう

2015年
5月7日

いかに自然と共存して生活していくかは、人間の永遠の課題である。しかしながら、人間は高度な技術革新によって、高い利便性とアメニティを持つ高密度な都市文明を獲得してきた。建築も高い技術に裏づけられた快適で便利な空間と安全性を見いだしてきたが、一方では、それとは異なる素朴な生活や新たな都市のあり方を求めだす方向の模索が始まった。

そうした体感を実現する簡素な施設型建築も市民権を獲得し始めている。それは大地や自然の記憶とかかわり、行きすぎた現代を再構築する生き方の模索に連動している。技術の粋を集めた現代文明の頂点を表すそれではない、自然と共存し、植物を育み、水や風を生かし、地域社会としなやかにつながる建築たち、自然という大地の存在を忘れて語ることはできない建築である。その日本の大地を覆っているのが「クロボク土」といわれている黒い土である。

われわれの生活がいかにクロボク土によって生かされてきたかを知れば、その重要性が理解されよう。『日本の土』(築地書館)の著者である山野井徹博士によれば、その生成年代は、放射性炭素による測定では多くが1万年より新しい時代を示している。

それは最終氷河期が終わり、縄文時代の始まりにあたる。すなわち温暖化の始まった時期で植物が旺盛に繁茂し、多くの腐植土が供給された時代にあたる。有機物を分解した養分を多く含み、さまざまな自然の力による流動性を受けて、さらに黒色をつくる活性炭を多く含んでいるのがクロボク土なのだという。

日本人は、この黒い土「クロボク土」とともに生きてきた。日本の大地の大半を覆い尽くしている漆黒《しっこく》の大地に抱かれて、われわれは縄文時代から生きてきたのである。

日本の色の原点は、そのクロボク土にあるというのが筆者の見解である。この美しい漆黒の土の存在こそがわれわれの生命の源であり、日本の風景の原点でもある。

森林も畑も平地の植生は、このクロボク土によって成り立っている。その大地に接して家やすべての建造物が立ち上がり、大地の黒の水平と木や壁の色の垂直との対比で成り立っているのである。灰色はその中間色として、もっとも好まれる日本の色になったのである。

現在では日本人の原点ともいえるクロボク土が失われ、大地は舗装され、黒土の記憶も喪失しかけている。単にコミュニティのつながりや家のつくり方だけで地域社会への深い洞察は生まれてこない。

古来、すべての人々の生活や活動を支えてきた大地なくしては、生きていく根拠を失うことにもなりかねないのだ。われわれの周りにあるすべての生きとし生ける存在は黒い土から生まれ、そしてすべての食料も、そして景観も黒い土から生まれてきているからである。

いま環境への配慮や自然との共生が強くいわれるなか、大地に向けての議論がほとんどない。その自然のすべては大地にあるのだ。大地の黒い土「クロボク土」の問いかけに、誰が、そして何を答えることができるのだろうか。

食と文化と建築

2015年
10月16日

食欲の秋になると日本料理が恋しくなる。日本料理（和食）が２０１３年にユネスコの無形文化遺産に登録された理由の一つとして、食文化が変化に富む日本の四季に寄り添っていることがあげられている。

たしかに、これほど土地（郷土）の文化や自然に密着している国は少ない。しかも、食には欠かすことのできない生命の源でもある豊かで清らかな「水」、そして食につきものの酒、すなわち「日本酒」の存在もある。これら三位一体の関係こそ日本食の醍醐《だいご》味《み》であり、真髄である。

２０１５年10月末まで、イタリア・ミラノで食をテーマとした「ミラノ国際博覧会２０１５」が開催されている。メインテーマに「地球に食料を、生命にエネルギーを」を掲げて、日本を含めた約１４０カ国の国や地域、国際機関が参加している。なかでも七つあるサブテーマの一つ「農業と生物多様性のための科学技術」こそが、ミラノ博の真髄を表しているといえよう。

なぜなら、地球上での農業の進化こそが、人類のあらゆる面での近代化を推進する原動力になってきたからである。農業により定住が始まり、計画的な食料生産が可能になり、曲がりなりにもコミュニティが形づくられて人口が増え、産業、そして建築が生まれて、今日の都市という構造が発生した。

しかしながら、今日に至って、その農業の異常な発展と歪みが地球の生態系に影響をもたらし、本来の生物多様性を損なう問題が多発している。現代社会のグローバル化の結果、経済至上主義がまかり通り、効率のよい農産物の需要・供給関係が地域に密着した農業を大きく変えてしまったのである。

博覧会のサブテーマは、歪み解消のために科学技術がどのように寄与すべきなのか問うているのだが、もはや科学技術だけではどうにもならない状況にあることはいうまでもない。しかし、グローバル社会という途方もない世界に対し、食の問題からその歪みを見直そうとする動きは大切なことだ。この博覧会の意義もそこにあるのだが、なかなか一般社会には届いていない。

食料自給率が40パーセントを切る状況にあっても、日本の食べ物の価値がいま世界からも再認識されようとしていることに注目したい。TPP(環太平洋戦略的経済連携協定)による関税撤廃によって困難な状況も予測されるが、避けて通ることのできないグローバル社会のなかで、日本の自然や郷土(地域)に根差した食文化を表に出して、日本農業の新しい展開を期待したい。

人類の近代化は農業から始まったと述べたが、グローバル社会のなかでの農業のあり方が日本の、そして世界の未来を決めることは間違いない。その過程に建築や都市が挿入される。新しい農業の形を通して、地球における生物の多様性を認めながら、都市社会のあり方を再構築していくのが現在であることを強く再認識して、都市の構造にも言及していく必要がある。特に多くの自然災害のおそれを抱えている日本においては、新たな自然との付き合い方が求められているからである。

食、文化、建築が一体になった地域の再生こそが、新たな産業の掘り起こしにつながると考えている。

都市と農業の融合が示す国土の未来

2016年
1月22日

ＴＰＰ（環太平洋戦略的経済連携協定）が難産の末に大筋合意を見た。これまで関税が撤廃されたことのない農林水産品834品目の半数にあたる約440品目の関税が撤廃されることになった。ただし、重要5項目、すなわち米、麦、乳製品、牛肉・豚肉、サトウキビなどの関税は維持されるという。ミニマム・アクセスの認可や上積み、関税率の段階的引き下げなどの問題も残されている。

今回の重要5項目はそのほとんどが譲歩してはいないということだが、迫りくるＴＰＰの圧力に対し、日本の農業政策がどこまで対応が可能なのか、その進路が示されぬままの大筋合意という決着は何を意味するというのだろうか。

これでは当事者である農業従事者たちの深刻さはいっこうに解消されることはない。当事者に個性化や強い農業を生み出す工夫を強いても問題解決の姿は見えてこない。このような状況では日本の農業政策の抜本的な改革ビジョンに期待はできない。

情報技術を活用した「施設化した農業」

一方で、よく引き合いに出されるのがオランダの事例である。参考になる点は大いにとり入れるべきであろう。国土面積は九州と同程度の小国だが、農産物の輸出額は米国に次ぐ世界第2位の輸出大国である。

オランダはその地勢的特徴や立地性などの条件のさまざまなメリット、デメリットを最大限活用して、きわめて高度なハイテク農業に力を入れてきた。国土の狭さや干拓地であるという悪条件の克服、1990年代後半から競合するEU（欧州連合）諸国への対応策としてITを活用するための環境づくりに国をあげて取り組んできた。

オランダの条件とは次の三つだ。その一つは狭い国土、そして国土がほかの国と陸続きであるということ、さらに北国という気象的条件だ。

こうしたどちらかというとマイナスの条件を逆手にとって、農業の効率や生産性を高めるため、生産品目の限定と合わせて、自然の大地や気候に任せるのではなく、ITを活用した「施設化した農業」に踏み込んだ成果が、今日の農業立国としてのオランダの姿を形づくった。

都市と対立し孤立する農村

では、わが国の農業問題はどうだろうか。日本の国土もオランダ同様、広くはない。したがって、米国のような機械化による大規模農業に切り替えることは容易ではない。

いずれにせよ、孤立した世界にとどまっている国内の農業に、その進展を期待することはきわめて困難である。日本は戦後の農地改革という節目があったにせよ、狭隘《きょうあい》な農地による前近代的で小規模、かつ家族的生産体制が農業という枠組みをつくってきたからである。

そして、さらに重要なことは西洋的価値観に基づく国土開発という近代化の思想である。近代社会において近代都市計画論的にいえば、都市という存在は周縁の農村部と役割も性質も対立する概念としてとらえられ、相互に距離を置いて支え合うという考えに基づいて構造化されてきた。そうした理念が日本の農村の孤立を一層促進させた理由にもなっている。

現在ではそうした対立する概念そのものが揺れ動き始めてきた。いや、社会の成熟化や少子高齢化の進行、産業構造の変化、社会観・価値観の多様化など、さまざまな要因によって揺れ動かざるを得ない状況が発生してきたと考えるべきなのであろう。

一方、ＩＴ社会の必然性は高まるばかりである。そのような状況のもと、農業は他の産業と比べて孤立する道を歩んできたといえる。

今日、都市部の住宅地では空き家や空き地が目立つようになってきている。農村部においても休耕地が拡大し、高齢化によって世代交代もできないまま、農地は放置されるばかりである。

このような事態に至っては、もはや都市と農村という区分けは成り立たないことはあきらかだといっていいだろう。すでに述べたさまざまな状況が示しているように、都市部と農村部が融合する必然性が浮上しているということではないのだろうか。そして、その融合した姿こそ、新しい日本の国土のあり方を示すことになるのではなかろうか。

施設化には建築家の介在が必要

しかし、ただ単に両者が混じり合うだけでは意味がない。オランダのようなＩＴを駆使した「施設化した農業」を都市部に引き込み、農産物の輸送や販売を都市活動のなかに組み込むことが必要なのである。

いまだ研究の余地は残されてはいるが、ＩＴ化とコンピューターの活用のみならず、遺伝子操作による生産性の向上なども踏まえるべきだろう。大規模な農業が営めない比較的狭隘な土地でも「施設化した農業」を可能とし、きわめて高度な生産性を実現できる品目や方法に歩を進めるべきなのである。

そして、その施設化には既存都市の景観にも配慮する必要があるため、建築家が介在する必要がある。「ハウス栽培」などというレベルの概念ではない、都市空間にふさわしい優れた構想やデザインに基づく施設化の方向を目指さなければならないことはいうまでもない。

一方、既存の農地をすべて都市化すべきでもない。むしろ各地方の適性を考慮しながら大規模な農地形成ができれば、大資本の導入を図りつつ高度な機械化、集約化による農業を進めるべきであろう。

もちろん、効率性偏重の過度な栽培品目の限定は避けるべきだ。日本の伝統を色濃く残すものや特徴的なブランド農産物はもちろんだが、多様性を担保するためには小規模な菜園など身近な存在も残していく必要があろう。

多様性に富むコンパクト・シティの実現

日本の農業の弱点は、常に弱者の立場にありながら都市のサポート役を引き受けてきたことに起因するのだが、高齢化・人口減少社会にあって、もはや既存の概念の枠組み内での農業生産を維持できないことはあきらかである。

本稿で述べたいことは農業の都市化であり、都市との融合である。すべての人が農業にかかわれるような都市農業の構築を考えることが、日本のこれからの未来を築くという提言である。多くの高齢者や若者が都市農業にかかわれるようになれば、新たな農業の可能性が見えてくることになろう。

農産物の生産過程の可視化なども農業への関心を高めることになる。都市機能にとっても都市景観にとっても、新たな都市の姿が見えてくるに違いない。そして、その姿のなかに環境や場所の違いによるさまざまな作物の栽培、効率性だけではない多様性に富んだ世界が開けるだろう。そこに世界に先駆けたコンパクト・シティの新しい姿も見えてこよう。

TPPの影響がどこまで出るか現状では未知数ではあるが、国内の農業事業者の多くは不安を隠せないでいる。

2016年
2月26日

そうした事態を踏まえてか、2015年4月に制定された「都市農業振興基本法」に基づいて、このほど農林水産省が示した「都市農業振興基本計画」の素案は、市街化区域内にある農地を都市のなかの貴重な緑地として保全する方向に舵をとろうとしている。国土交通省も2016年度予算案に「都市と緑・農が共生するまちづくり」の推進を盛り込み、低・未利用地などの積極的農地利用を促進する流れを生み出そうとしている。

こうした動きは、すべて今後の社会動向の変化に基づいた都市政策と農地への積極的関心の引き上げを図りたいという考えから発している。そして、政府による基本計画が策定されたのち、地方自治体が自らの責任において農地の積極的利用を図るため、農地所有者の税負担、相続税などの税制上の配慮もなされていくという。

しかしながら、地域政策や産業政策の具体的中身についての指針は示されてはいない。都市緑地としての期待が盛り込まれてはいるが、それは農業事業者の不安を取り除くものではないようだ。

輸出型農業へ向けた問題点

では、日本の農業は世界市場という新たな場面に直面して、どのような方向を目指すべきなのか。そこに現在の農業事業者の悩みと苦しみがあるのだが、農産物およびその加工品などの輸出はかつてないほど勢いがある。

政府もTPPなどへの配慮もあって、優良な日本農産物を海外へ送り出す政策に着目し始めた。例えば、関税撤廃をチャンスととらえ、検疫や通関の簡素化により、輸出に関する手続きの大幅な迅速《じんそく》化を打ち出したことは大きな前進である。

先に述べたとおり、オランダの事例をあげて日本の農業政策に寄与するであろう点は学ぶべきという旨の提案をした。国内消費に頼らず、相手国のニーズに迅速かつ的確に応えて輸出の最大化を図ろうという戦略である。

しかしながら、日本では関税の撤廃により、海外からの安い農産物が国内の農産物を駆逐するおそれがあるという内向きの議論ばかりが多い。加工品を含めて日本の農産物の海外での評価はすこぶる高いのだから、内向きの議論を脱して輸出に目を向けるべきではないのか。そうなれば、あとはいかに速やかにそれぞれの生産地から海外へ持ち出せるかの問題である。その一歩が動きだしたことは大いに歓迎したい。

一方、すでに述べた部分もあるが、日本の農業にも問題はある。細長い国土に高温多湿、四季の変化など、世界にも希な変化に富んだ気候風土を持ち、地域ごとに特色ある農産物の生産拠点が出来上がっているのは日本の農業の特色ともいえる。ただ、その多くは零細農業、兼業農家であり、地方都市の現状や少子高齢化の進展を見る限り、次の担い手も期待できないという行きづまり状態にさしかかっている現実は大きな問題だ。

農地の施設化で新展開

したがって、都市農業を都市の重要な産業として位置づけ、老若男女、誰でもが農業に参画、従事できる農業のあり方について、新たな施策が素案で示されていることは評価したい。

そのうえで、日本の農産物へのこだわりも注目しなければならない。日本の農産物の品質には世界のどの国のそれよりも高い評価が与えられている。工業製品の評価と同様に、そのレベルの高さに注目が集まっている。だからこそ、都市農業においてもこだわりと高品質がきちんと保たれる必要がある。

筆者の「都市と農業の融合論」は、単に都市緑地や高齢者の参画、都市部の未利用地の農地転換をいうだけではない。小さな農地でありながらも職住近接で老若男女が身近に寄り添うことができる都市農地の可能性が一つ。

もう一つは、日本の厳しい自然環境に直接立ち向かわなくとも農業の専門的経験や知識が乏しくとも、農業に従事できるよう「農地の施設化」を行い、農産物の生育環境の最適化を図ろうというものである。ＩＴの助けも得ながら厳しい外部要因を排除することを、農産物の種類によって仕分けていこうというものである。

新たな都市景観の創出

農地の施設化とは、いうまでもなく農地の人工環境化である。適切に管理された環境下では、農業経験に乏しくとも意欲と体力があれば十分に働けるし、それこそ老若男女の参加が促されるだろう。加えて、農産物の品質を一定に保つことがきわめて容易になる。

そして、農産物の種類や内容について、さまざまな形式や規模が入り混じるであろうから、施設化にあたっては、それらも踏まえて十分に検討する必要がある。

素案でも都市農業による良好な都市景観の形成に期待しているが、筆者も建築家として、農地の施設化と緑化保全の都市景観にはこだわりたいと考えている。施設化とは目に見える形が立ち上がるものだけではなく、視覚的には隠れた場所であっても、農地の生育環境の整備を支援する施設化という方法も考えられる。

　目に見える形はそれこそ千差万別である。クリスタル・パレスを思わせるものもあれば、ガラスと木によるトラス構造の美しさが光るものもあり得る。ほかにもＬＥＤ照明の効果的利用など、考え得る施設化はさまざまであるが、そうした施設化をしないほうがよい場合もあるだろう。そうしたすべてが都市のランドスケープ化して、美しい潤いのある都市景観を生み出すことが期待される。

日本型小規模農業の勧め

　以上から導き出されるのは、日本型農業の一つのあり方である。小規模であってもＩＴを積極的に活用し、高品質な農産物に加えて、誰でもがその育成に参画できる都市型農業のあり方を示すことである。場合によっては、育成環境に見合った施設化が必要となる。いうなれば建築化といってもいいだろう。建築とオープン・エアの緑地（農地）とが相まって、都市と農業が融合した新しい風景が見えてこよう。

　ここで重要なことは、都市農業への参加を具体化する施設化についての自治体の裁量だ。民間参加のハードル（申請・許認可制度）を下げていく必要があるだろう。そして、それは地域政策、産業政策にもインパクトを与える第一歩となる必要がある。こうした都市農業への施策は、これからのコンパクト・シティの構築に大きく寄与することは間違いない。

日本の農業の問題の根底には、国の政策が深くかかわっていることを改めて確認しておく必要があると思う。なぜならば、農業こそが国家、国土の形成の過程において大きな「要」の役割を担ってきたにもかかわらず、日本の近代化において必須とされた工業化社会を推進するため、農業は影の役割を担わざるを得ない状況にあったからである。

この問題の根底にある国の基本的政策、すなわち工業化とコメの自給という二つの目標は、本来的にはきわめて対立的な課題であった。その両立が求められるあまり、矛盾が先送りのままに進められてきた過程で、さまざまな法制度と現実との乖離《かいり》が生まれ、それがそのままにされてきた。そのことを抜きにして、今日の農業政策の問題を語ることはできない。

例えば、近年の事例のみをあげても、農業の第6次産業化、生産地と直結した販売方法の簡素化、農地と加工工場の一体化とその流通の簡素化など、時代の変化に伴って農業について語られてきていることは数多い。あるいは農業生産の安定化に向けた農地の集約化、農業の担い手の多様化、気候変動に対する栽培技術の平準化、さらには農業の工業化、農地譲渡の制限緩和、法人化への動向などがあげられよう。

こうした例はともかく、もともと日本という国は農耕文化、とりわけ水田によるコメの生産によって、国家の成立要件が定められてきたといってもよい。日本の美しい田園風景、また、そこに寄り添う里山などの景観は世界に誇れる日本の特徴であり、財産である。そうした現在まで続く米作へのこだわりが日本の文化、そして社会のありようを規定してきた礎であることを考えなければならない。

封建制度の基礎となる貢納制度によって、国の財政の枠組みが農産物(コメ)の出来高で決めら

2016年
5月9日

れる仕組みが出来上がっていたからである。江戸時代の士農工商にみられる「四民」の一角を占めていた「農」は、まさに武家社会を支えるもっとも基本的構造を担っていた。

時代の変化が保護政策の矛盾を露呈

そうした背景のもと、戦後のGHQの占領下で行われた農地改革が地主と小作人という上下関係を破壊し、小作農を軒並み「自作農」へと変えた歴史がある。形式的には民主的力学形成を図るというものではありながら、その中身は、国家権力を背景にして農業協同組合（農協）という組織を通じた保護政策を実施するという方向に動きだしたのである。

しかしながら、保護政策は一方で生産性を阻害する要因ともなり、さまざまな矛盾が露呈し始めた。その結果、日本のコメの生産は食糧管理制度のもと、自主流通制度と生産調整という矛盾を抱え込んでしまった。減反政策という悪しき政策を蔓延《まんえん》させたのである。

こうした流れを生み出したのは、日本の農業政策を担ってきた三つの法律である。一つは食糧管理法（コメ不足を前提として生産、流通、消費について政府が管理を行うもので戦時中に制定された）であり、次に農地法（農家以外の土地取得を認めず、新規参入を原則禁止する）、そして農業基本法（農家の所得を都市勤労者の所得水準にまで引き上げることを目標とする）である。

しかしながら、時代の変化や食生活の多様化などにより、需給バランスが大きく変化してコメの過剰生産につながるなど、これらの法律は機能しなくなってきていた。

農業政策が日本の新しい姿を生む

以上のような状況を受け、農地法の枠組みを拡大して農地の利用を促す農業経営基盤強化促進法が制定され、さらには集積型農地利用を促す政策を推進するため、農業の効率化と経営の安定化を目指す合理的農業政策を掲げ始めたのである。

一方、農業従事者の高齢化、戸別所得補償制度の導入などによって、耕作放棄地は増加し続けた。そうしたなかで小規模農家を排除しないという趣旨のもと、大規模農業の拡大化と法人化が避けて通れない課題となったのである。

そのための組織の一つが農地集積バンク、すなわち農地中間管理機構である。農業法人や規模の拡大を目指す農業事業者は農地の拡大、生産性の向上を急ぐことになったのだが、その前途は生やさしくはない。ＴＰＰなどにより、もはや農業が保護される分野はきわめて小さく、日本の農業政策は世界を相手にする農業へと舵を切らなければならなくなったのである。

そのためには明確なビジョンの策定と、さらなる規制緩和が不可欠なのはいうまでもない。その一つが筆者の掲げる都市型農業である。都市と農地、工業と農業といった区分や役割の線引きを解消した誰でもが参画できる農業であり、農業とＩＴの融合をはじめ、多角的に産業との連携を図り、都市から孤立させない農業のあり方である。農業の都市化とは、さまざまな分野や領域がきわめて親しく融合し、新しい都市の形を生み出すということである。

例えば、世界に向けて開かれた農業を目指すことだ。農産物の輸出に大きく舵を切り、国内に向けた農産物だけではなく、日本の技術と農産物のクオリティを示す必要がある。そのためには、過去の農業を取り巻く環境を大きく変えることしかない。

その一つが都市型農業である。大きくいえば、これからの日本の新しい姿を生み出すには都市のあり方を変え、産業構造やライフスタイルをも変革するポテンシャルを生み出すことが大切なのである。その要にあるのが農業とその政策なのだ。

いまや既存の企業が挫折し、行きづまりを見せてきている。それゆえ、近代主義が生み出し、成長させてきた都市構造を変えることで、産業の新たな起業を図るしかない。そこにこそ、筆者の考えるコンパクト・シティの基礎となる健康な都市のあり方がある。

さらに、新たな都市の形成に農業がかかわることの意味について改めて考えなくてはならない。農業が暮らしに密着して存在するような都市、人々が健康に暮らし、生き甲斐や喜びとして生涯働くことができるような都市のあり方こそが、これからの時代に必要なのではないのか。そのためには、いま何をすることが必要なのかを考えなければならない。

2016年
5月30日

日本の農業が国の近代化と農業政策の狭間で集中と分散を繰り返してきたことはすでに述べたとおりだが、それと同時に、国土の均衡ある発展を旗印に全国の都道府県において市街化すべき都市部と農村部に区分けし、都道府県それぞれが自立できる規模とバランスを持った国土開発が進められてきた。

だが、規模の違いはあれども都市部と農村部という対立の形は変わらなかった。都市部はますます都市機能の高度化を図り、農村部は農地に縛られて生産を担う場所としての役割分化を一層強化するという政策がとられ続けられた。

むろん、農業が一方的に遅れていたわけではない。例えば、集約的生産方法の導入や集配システムの効率化、機械化などによる収益の向上策、批判はあるが農協が果たしてきた役割も見逃すわけにはいかないだろう。

しかしながら、農村部は都市部と比較できないほどの厳しい状況が続いた。それゆえ、若者の農業離れは激しく、後継者不足どころか廃業が後を絶たない状況にある。

２０１５年の農水省の調査によれば、農業就業者は２０９万人で過去最小の数字であるという。天候不順などの自然現象ばかりか、農産物の価格低迷や労働力の不足など、農業生産の周辺の状況が農業の安定性を失わせるようになってきたのである。

ＴＰＰがこうした状況の打開にもつながるのではという期待がある半面、現状とのギャップを埋める手立ての見通しが立たず、示すべき明確なビジョンもないまま、強行されようとしていることに対する批判は少なくない。

都市が持つ力こそ人類の発明した宝

こうした農業の現状に対して、都市の成長と進化は道路や鉄道などのインフラを含めてますます高度化し、ＩＴやＡＩ（人工知能）の進化によって加速し続ける。そして、人々が都市の力を生み出す。多くの人々が集まり、世界の最先端の技術や情報を享受しながら、自らの分野や世代を超えてグローバルに相互に刺激をぶつけ合い、常に新たな成長を実現する場所として、その魅力が生み出されるのが都市なのだ。

その進化と可能性については、米国の経済学者エドワード・グレイザーが著書『都市は人類最高の発明である』（２０１２年、ＮＴＴ出版）で明確に指摘している。

この書物は筆者にとって都市や建築の仕事をするうえで、常に勇気を与え、後押ししてくれる１冊であるが、グレイザーのいうとおり、都市の持つ力こそ「人類の発明した宝」なのである。都市で生起するさまざまな触れあいこそが、お互いの能力を高めることになる。

極論だが、都市で生活するだけで頭がよくなり、新たな価値を生み出すことになるという。優秀な人材が集まるから都市はすばらしいのではなく、優秀な人材を生み出す場所、すなわちインキュベーター(孵化器《ふか》)だから、すばらしいということなのである。

一方、農村部は広大な土地、いわゆる田畑に農産物が育っている。そこには人の集積や触れあいの場などは少ない。農繁期に多少の人材を集めるということはあっても、知的交流の場とは程遠い環境である。農協の手助けもあるが、それが農業の革新的変化や成長につながるとは必ずしもいえまい。とりわけ日本の場合は個人の努力に依存する零細農業が多いのが現状である。

IT、AI駆使し農業を知的生産

筆者の構想は、都市の頭脳を農業に組み込んで、農業も都市と同様に人類の宝にしようというものである。都市部の人的交流の激しい場所に農産物の生産場所を設《しつら》えて、農産物を知的生産物へと進化させようという提案である。そして、農業生産を孤立した零細なものではなく、多くの人たちの関心を集め、触れあいが可能な場所、産業に変えていこうとすることである。

現在でもITを活用したスマート農業の取り組みなどが行われているが、農業の工業化、機械化などからさらに進めて、これまで以上にITやAIを駆使しながら、農産物を知的生産物に置き換えようとすることである。いわば、さびしくない農業をつくりだすことなのである。

農産物を知的生産物と呼ぶことには違和感があるかもしれないが、高度なITやAIを駆使した農産物は、生産プロセスだけをとっても従来の農産物ではない。そのためには農地、すなわち農作物の生産場所を多くの人々が交流し触れあえるところにもってくることが必要になってくるのである。

既存の都市のなかに生産場所が生まれれば、これまで予想だにしなかった農産物の生産方法が生み出されるかもしれない。また、都市部のメリットを生かして流通や販売システムを革新すれば、海外にも短時間で輸送できるため、世界各地に高品質な農産物を供給することが可能になるだろう。

先に述べたように、すでに都市部では空きビルなどでＬＥＤを利用した効率的な屋内型農産物の生産が始まっているが、筆者のいう都市と農業の融合とは、オープン・エアの農業生産も含めて多面的な人々の触れあいを包含した都市と農業の、まさに文字どおりの融合なのである。すなわち農業が多くの人の交流から生み出される都市の知能、力を享受するということである。それは「人類が発明した宝」である都市に新たな農業が参画し、融合することによって、都市をより豊かで輝きを放つ、さらなる優れた宝へと変えていく革新である。それは同時に、農業にとっても新たな世界を生み出すことなのである。

こうした筆者の提言が新たな農業の展開に道を開くということにわずかでも寄与できれば、望外の喜びである。

農業への関心の広がり

2016年
8月10日

農業への関心が高まりつつある。当然ともいえることだが、これからの成長分野の大きな柱になることが期待されるからである。2016年4月の改正農地法の施行によって農地所有の法人に対する規制が緩やかになったことで、さまざまな農業への参入が改善され、勢いがつき始めている。

その流れに乗って都市型農業がいわれ始めているが、その一方では地方における離農問題や集約化、事業の継承、販売ルートの安定化など、さまざまな問題がその行く手をはばんでおり、その解決は急務である。

たしかに農業経営の大規模化は容易ならざる状況にあった。資金や労働力不足などの課題を突破するためには、これまでは農業協同組合や政府系金融機関に頼らざるを得ず、自由度はかなり制限されてきたことも事実である。しかしながら、状況は確実に変わり始めている。

その一つが銀行の姿勢の変化である。例えば、秋田県では三井住友銀行が農業法人とタッグを組んで会社設立に動き出した。単に資金を融資するという取引ではなく、出資者責任が発生する資本参加であることが新しいのだ。まさに農地を保有し、農業を自ら手がけるという「農地所有適格法人」に参画しようというのである。

新会社には銀行だけではなく、さまざまな投資ファンドの参入もあるという。単に資金だけではなく、労働力の確保や販路の開発も伴うことになる。その結果、国が期待する農業の集約化や大規模化が一段と促進されることになることが見えてくる。

一方の都市型農業への参入は、地方の農業とは異なる側面が強い。平地の大型農地による農業ではなく、農業の工業化ともいえる人工化された施設型農業である。ハイテク農業といってもよいが、それはまた高度に組み立てられた集約型農業である。ミツバチの巣のように幾重にも重なって、高品質、しかも個性的な生育難度の高い野菜や果物の生産を行うというものだが、天候の変動に左右されることなく、生産が可能である。

これまでは建築などのハードはＰＦＩなどの手法による民間資本の参加が多かった。銀行の資本投入と維持管理も含めた新会社（ＳＰＣ、特定目的会社）によって運営される形は常態化してきたが、さらに農業自体への参加、投資にもかかわり、施設、建築との一体的運営を視野に入れた発想は、魅力的であることは間違いない。

まさに農業が新しい起業の形を示し始めたのである。あたかも都市の工場自体を、そこで生産される魅力的な商品と一体化したワン・パッケージでとらえることで、いままで考えも及ばなかったハード、ソフトの多様な分野の企業参加が可能となるようなものだ。

このように農業がさまざまな分野の創造的企業を育てる環境を生み出すことになる。銀行も単なる融資という分野から、リスクを受け持ちながら新しい資金需要に対応する分野に参入し、自発的起業の生育に向けて自らが事業者として参画するとともに、銀行自らも経営者としての目を養うことになることが求められる。

農業の自立の動きがますます盛んになり、産業の新たな方向へ動き出すことを期待している。

都市再生と地域社会

2016年
11月8日

東京一極集中の批判や地方分権の動きは1970年代に始まっている。人口減少や高齢化などに関する切迫感はなかったが、地方都市の荒廃、公害問題などの現実に対し、都市の「成長と矛盾」を課題に国や地方自治体もこぞって政策を打ち出した。時を同じくして起きたオイル・ショックを経て、エネルギー問題が叫ばれ、解決のために都市のスマート化が求められたのはその後の動きである。

1964年の東京オリンピックを挟み、日本が歴史的な経済成長を遂げたことは、意識のうえでも戦後と決別できるほどの変化であった。1980年代にはバブル景気という異常な経済成長を生み出し、世界を凌駕《りょうが》する勢いのなかで、「ジャパン・アズ・ナンバーワン」とまでいわしめた。

しかし、それはその後に訪れたバブル崩壊の憂き目とともに、いまだ記憶に残ることでもある。その後、空白の10年とも20年ともいわれながら今日を迎えているが、1970年代に設定された都市の目標や政策の成果はいまだ達成されていないようだ。

1990年代後半には郊外へとスプロールした都市が抱える問題を解消するために「まちづくり3法」(都市計画法、大規模小売店舗立地法、中心市街地活性化法)が施行されたが、十分に機能しているとはいえない現実を受け、2006年には法改正が行われた。空白の20年の穴埋めをするかのように、コンパクト・シティ構想の動きは21世紀に入って活発化し始めたのである。

既存の鉄道をLRT(次世代型路面電車)に替えた富山市をはじめ、青森市などでも中心市街地の再生に着手し、その成り行きが注目されているが、現実には財政負担が増大する自治体も多く、思うように機能していない。一部では財政破綻《はたん》した夕張市のようになると揶揄《やゆ》する声も聞こえている。

もちろん批判することは容易だが、現実に施策を進めようとしている努力には敬意を表さねばならない。そのことをわきまえたうえで、コンパクト・シティ構想を現実のものにしていくためには、日本の伝統的都市の成り立ちと、それに関係が深い農業政策の二つを常に視野に入れておかねばならないことを指摘したい。

管見の限り、誰一人としてそうした観点から考えていないようだが、都市における農業の概念について、新しい時代に即した考えを持つことがなければ、事態がいっこうに進まないことはあきらかであろう。労働人口の減少や高齢社会との整合を図るためにも、農業問題への取り組みは必然なのである。

大別すれば、大規模農業と都市農業の問題である。大規模農業についてはここでは触れないが、都市農業についていえば、これなくしてコンパクト・シティは成り立たないと考える。老人はもとより、都市に住まう多様な世代が農業にかかわり、生涯を通して働く環境に身を置くということである。

食の生産が身近になれば、食を通してさまざまに応用範囲を広げていけるだろう。都市人口をできる限り活用する農業が都市を面白くしていくという発想、また新しい都市の魅力を生み出す原点には農業があるという発想を持つことが重要ではないのだろうか。

自立する農業と付加価値

2016年
12月14日

日本の農業改革ができるかどうか、農業の未来をかけた決断に迫られている。米国のTPP(環太平洋戦略的経済連携協定)離脱が話題になっているが、国際的にも強い農業にならなければ日本の農業に未来はない。

日本の農業は農業協同組合(農協)と国の偏った補助政策によって守られ、自立した事業として成り立つ農業は、ほとんど進んでこなかった。農業の自立を促すためにも、政治に密着した農協の力を分散化する改革が必要であったにもかかわらず、今日まで約20年もの歳月と70兆円を超える補助金がつぎ込まれてきた。

TPP批准を目前にしたいま、この手厚い補助金政策と農協のあり方が問題視されているのである。しかしながら、補助金への批判は世界の趨勢《すうせい》を見ても正しいとはいえない。欧米の農業国も自国の農業には膨大な補助金を充て、さまざまな支援事業を行っている。

例えば、国土の狭隘《きょうあい》なスイスなどでは、日本以上に補助金を出して自由競争を受け入れている。その一方、スイス国民は安くて良質な農産物を享受している。このように必要な保護政策も存在するのである。

日本でも農業と食の組み合わせによる経済効果はGDP(国内総生産)の4パーセント以上もあるという試算もある。成熟社会に突入した日本の将来を占うキーワードは「健康、安全、環境」だともいわれているが、それらを支えることのできる分野は医療・福祉に加え、「農業・食」だろう。

農業と食を結ぶ分野の広がりはきわめて大きい。さらには、農業の環境保全機能に投資して、世界に類を見ない四季の変化を享受する美しい自然と調和した農業のあり方を観光資源として育てていくことも可能だろう。

そうした取り組みは、これからの日本の大きな課題でもある。農業による景観づくりを推進させる意味でも、スイスが行っている付加価値に応じて支給される農業への補助金制度は大いに参考になる。これは日本ではちょっと考えられない視点だが、農法や家畜の飼育法などに関して環境保全に有効であれば、多くの補助金が支給されるという制度である。

この制度によって、農家が農村の景観を保持することに多くの知恵を絞るようになったといわれている。その結果、農家の収入も増え、同時に美しい環境が維持されることとなった。こうした国と農家双方の努力により、あの美しいスイスの田園風景が多くの観光客をひきつけてやまない状況を生み出しているのである。

繰り返すが、補助金を出すことが悪いことなのではない。対外的摩擦となる関税をかけるというのではなく、目的をもって産業の独自の成長を生み出すためのものであるならば、むしろ積極的な政策のもとに補助金を使うべきなのである。

さまざまなアイデアと工夫によって日本の農業がその裾野を広げ、多くの付加価値を生み出すことができれば、日本の主要産業になることも夢ではない。

筆者が主張している都市農業の視点からも、農業と食、さらには観光や都市問題などへの広がりと波及効果を生む意味でも、日本の農業改革は必須の課題なのである。

農業改革の意味するところ

2017年
4月26日

政府の強い後押しもあって、全国農業協同組合連合会（全農）は、農産物の出荷の簡素化、肥料や農薬などの仕入れの一層の合理化を進める方針を発表した。小売業者への販売の比重を高め、直接販売することによって流通経費を削減し、生産者の収入を増やすねらいである。

こうした全農のねらいは、遅ればせながらも、これからの日本の産業政策の基本として農業に大きく舵を切らなければならない立場を反映したものであろう。それは国内ばかりでなく、世界へつながる戦略でもある。

販売ルートの簡素化だけでなく、世界に通じる農産物の基準（農業生産工程管理＝ＧＡＰ）をクリアしなければならないが、農業を日本の産業として経済的にも強くするためには、それだけで問題は解決しない。日本の伝統的な農業と農産物の歴史、そして食文化があり、単に小売価格だけに問題を収斂《しゅうれん》させるわけにはいかないからだ。

一方、農業の高度化も進展している。ビッグデータの活用やＡＩ（人工知能）、ＩｏＴ（モノのインターネット）による農業の自動化やロボット化など、効率化やすぐれた経済性も必要だが、そもそも農業とはもっとも生活に密着した産業の一つであることを忘れてはいけない。

農業にはさまざまな形式や規模の違いがあって、大型機器やＡＩの導入が難しい手仕事的作業が必要な分野もある。経済や効率性の論理だけでは推し量れない内容を含んでいるからだ。そうしたさまざまな仕分けにこれからどのように道筋をつけていくのか、それこそ農業協同組合が考え、推進していかなければならない課題なのではないのか。

伝統的な農産物を生産する農家にはさまざまな支援が不可欠だと考える。一方、大規模農業は経済的、効率的な進め方とともに、グローバル基準を満たす必要がある。そして、筆者がいい続けている都市農業化という課題に応えていかなければならない。なぜ、都市と農業の連携が必要かといえば、繰り返しになるが、日常に農業を組み込むことが目的であるからだ。

都市施設としての農業の形については繰り返し述べているので、ここでは触れないが、都会で生活し、働く人たちに、農業の生育や生産の過程のすべてを見せることにより、農業への参入のきっかけとすると同時に、これまでの都市部と農村部という二項対立のなかにあった農業を身近な存在にして、食を司る農業の意味を誰もが共有できるようにするための第一歩と位置づけることが重要であると考えている。

日本の農業が国際化を目指すべきことはいうまでもない。高齢化、人口減少などの状況に応えながら、農業を産業として強くしていくための取り組みとして、欧米が進めている生産・流通・販売方法と日本のそれが同じであることがベストなのか、さまざまなトライアルが模索されているが、いま日本の食文化とは何かについて真摯《しんし》に向き合う姿勢なくしては、個性的な日本独自の農産物を失わせることにもなりかねない。

ラスト・ワン・マイルという言葉があるように、農産物が消費者に渡る最後のステップにおいては、それが消費者の嗜好《しこう》にフィットするかどうかだということを忘れてはなるまい。

都市農業と工場化

2017年
6月22日

農業の都市化がもはや時代の要請であることを、筆者はことあるごとに主張してきた。農産物を都市部でいかに効率よく生産するか、いままでの生産のあり方を超え、都市という場所にさまざまな角度から農業を定着させようというものである。幾度となく言及してきたが、都市農業の一つの形が植物工場という姿に表されている。

都市に建設されているビルと同じように、ビルのなかで農産物を生育していこうというものである。太陽光か人工光かは別にして、要は大地と切り離された、病害対策も容易で衛生的な人工的な環境のもとで行われる農産物生産のことである。

天候の変化に左右されることがないため、良質な農産物を均質に生産可能であること、生育期間は露地栽培に比べて約半分で済むことなどの利点は大きい。植物工場は農地を耕して農産物をつくるのに比べて効率的で、計画性の高い生産を可能とする。期待は大きく膨らみ始めている。

しかしながら、農産物の価格を大きく左右する税制面の扱いでは、農地と植物工場では格段の差が出るのも事実である。農地法が定める農地に対する規定、すなわち「耕作の目的に供される土地」であることを前提に、農地に対する税額は低く抑えられているからである。単純にはいえないが、農地に比べて、一般的にビルなどが建設される用地では、税額に約十倍から数十倍の違いがある。

ただし、露地の場合の耕作面積は農地に対する一面だけになるが、植物工場であるとビルのなかで多面(多層)化することによって、耕作面積は露地の何十倍という規模に拡大することも可能なのである。

そうなると、税の負担に対する見方も変わってくるが、建設などの初期投資を考えれば課題も見えてくるだろう。例えば、土地の用途による税制適用の違いの妥当性などだ。さらに、都市農業のあり方として、ビル型以外にもさまざまな形式が想像されることからしても、その結論は容易でないことは明白である。

一方、このようなビル型の植物工場は日常、人のいないゴースト・ビルとなる。そのようなビルが多くなると都市の空洞化が進み、新たな都市問題が発生するという事態も予測される。そうした事態を避けるため、工場機能だけでなく、複合化しながら都市施設と共存することで、農業とさまざまな都市機能の連携から生まれる新たな可能性を開発することが期待される。

例えば、レストランと直結して「食の見える化」を売りにした新しい形の食文化を発信させることもできる。魚などの養殖事業と農業を結びつけてみることもできよう。それらをエンターテインメント化することも可能である。

都市農業の問題は、いまだ緒《ちょ》についたばかりであるが、さまざまな試行と実践が始まっている。いまはその可能性が模索されている段階であろうが、そこで何よりも重要なことは、多くの関心が都市農業に集まり、多角的な議論がなされることである。

農業の新たな展開を見据えた民間企業の参入意識の向上に対する期待は大きい。ひいては日本の産業構造や都市構造の革新にもつながることが望まれる。

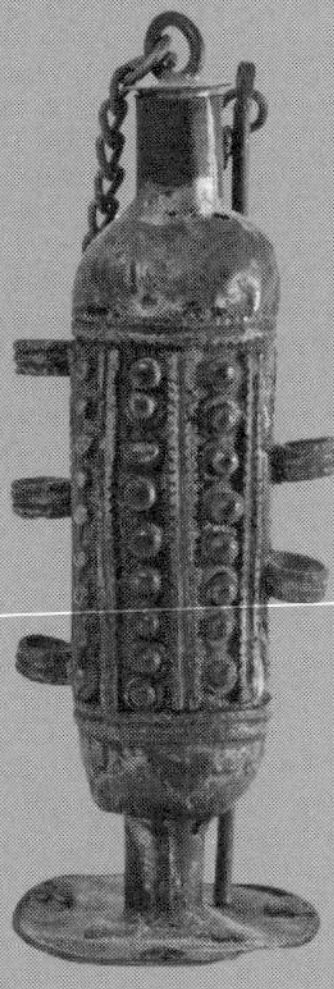

IV グローバル社会を追う

政治・経済の混乱は文化を育てない

2014年
6月13日

いま南シナ海の領有権をめぐって、不穏な動きが目立ち始めている。日本も尖閣諸島をめぐる問題を抱えてはいるが、中国の動きは異常である。国際法を無視した行動には、各国から厳しい批判が出始めている。国内のテロや暴動に対しても、制御がきかないほどに混乱が収まる気配はない。

一方、ウクライナ危機は、ロシアなど他国を巻き込んだ武力衝突を引き起こしかねない状況にまで発展し、予断を許さない状況にある。そうしたなかで、巨大な軍事力と政治力を持つ米国の動きが気になるところだが、現在は当事者間の問題として冷静を保とうとしている。

このように主要大国が相互に政治的、経済的な覇権《はけん》をめぐる争いが激化し始めている状況にあるが、先進国のみならず、なぜか世界の英知はこの抗争や浪費された成り行きを省みない。摩擦が生み出す成果など何一つないのだ。

それよりも危惧《きぐ》される最大の課題は、摩擦によって、それが生じている間はむろん、その後も文化的土壌が失われ、不毛な世界になることである。国益と称して資源やエネルギーといった経済的問題を政治が牽引《けんいん》することは理解できるが、摩擦拡大の果てには、すべての文化的土壌の喪失が待っていることを考えてほしいと思う。互恵と文化的発展は国家の豊かさの指標だからである。

さて、日本では江戸時代の鎖国政策が、実に豊かな文化的高まりをつくってきた歴史を学ぶべきという意見もあるが、今日のグローバル社会では、そのようなことはほとんど意味を持たないばかりか、現在では孤立によって国家滅亡の進路を選ぶことになる。

また、国益という概念が優先されれば、政経分離という方策も成り立つわけがない。このことは、16世紀におけるヨーロッパの大航海時代に始まる植民地政策と資源略奪の歴史の再来はあり得ないということである。当時の文化的繁栄は、あきらかに自国中心主義によるものだったが、それは過去の話だからだ。グローバル社会の本質とは何かを問うことが不可決である。繰り返すが、その本質は「互恵と新たな共存の仕組み」の構築であることはいうまでもない。

そこで問われるのが日本の進路である。いうまでもなく、自国の経済力をつけることが中心になるが、そのつけ方が重要である。第一に、科学と技術の融合のなかに文化的世界を構築する仕組みを共有することである。それも世界に先駆けて、独自性を持った日本の姿を示す必要がある。何をどのように投資して開花させるのか、そこにこそすべての英知を傾けるべきなのである。世界に向けて、その英知の独創性と成果を提供することである。

とりわけ、建築の世界は総合性が問われている。優れた都市の姿や建築群のすべてが収斂《しゅうれん》した姿の結果を表すからである。

その意味でも、建築界が果たすべき役割と課題はきわめて大きい。現在の建築界で騒がれている建築価格の高騰や人材不足など、身内で騒いでいる場合ではないはずだ。世界の歴史を見るまでもなく、建築界への期待は大きい。その事実を再認識しなければならない。

一つの病院の姿

2014年
6月20日

イタリア・フィレンツェの北西約33キロメートル、ピサからは北東約47キロメートルのところにあるピストイア市をご存じだろうか。人口9万というイタリアでは典型的な地方都市であるが、とりわけ芸術都市として知る人ぞ知るところである。

つとに有名なのは「ファットーリア・ディ・チェレ」(Fattoria di Celle)という彫刻公園である。それは、実業家ジュリアーノ・ゴーリ氏が所有する60エーカーという広大な農園(旧荘園)のなかにある。14〜15世紀ころからフィレンツェの枢機卿のお屋敷であっただけに、庭園にはさまざまな遺構も残っている。美術コレクターでもあるゴーリ氏が自ら世界的アーティストと対話し、作品をその場所で制作させ、サイト・スペシフィックな作品群があるすばらしい公園である。この彫刻公園のあるピストイアにもう一つ見逃せないものがある。それがチェッポ病院である。

この病院の歴史はさらに古く、13世紀にさかのぼることになる。その後、何度となく改築・改装され、20世紀初頭には500床を超える大病院になった。20世紀中盤には人工透析施設の緊急性から、それに応えるように整備が進んだ。

さらに21世紀に入って人工透析の環境整備について、いままでの病院施設という概念を超えた新しいコンセプトのもとに、26床と小さいながらも、病院のあるべき姿を示そうと計画・建設されたのが「人工透析センター」である。

まず、何よりもこの病棟のコンセプトは、ピストイアという街での経験に新しい一コマを挿入することであった。それには次のような目標が掲げられている。

① 患者自身も自らさまざまな教育を受けて学ぶ環境的建築であること
② 多くの環境的つながりを誘発し、調整的役割を果たす建築であること
③ 治療のための要素としての自然の最大化を図ること
④ ソーシャル・エコロジーの形としての芸術作品が設置されること
⑤ 単に医療機関的でないこと

筆者が注目していることは、この病院のイメージはあきらかに医療機関としての姿を持っていないということである。建築形態も平屋で楕円形をしており、「自己の場」と呼ばれる緑(中庭)を取り囲んでいる。外部はもちろん周囲の自然に面している。治療棟の天井高さも4・0メートルほどあり、快適さは格別である。

さらに、周辺に設置されている絵画や彫刻群のレベルの高さは、ピストイアならではのハイ・クオリティの世界である。すべての作品が世界的なレベルで設《しつら》えられている。金属彫刻のロバート・モリス、絵画のソル・レヴィット、彫刻のダニ・カラヴァン、長沢英俊など世界の俊英の作品が集められている。

最先端の医療機器や患者へのサービス面での充実はもちろんのこと、患者の精神的な癒しの場の形成を重視して最大化を図っている点は、いま日本の病院が抱えている「医療費の増大と経営」というジレンマから見れば驚嘆する姿であるが、これが病院のあるべき姿を示しているといえないだろうか。ピストイアに行かれた折には、ぜひのぞいてほしいと思う。

中国の環境汚染と技術

2014年
11月21日

中国では大気汚染が深刻な事態を迎えている。２０１４年10月19日に行われた北京マラソンでは、ＰＭ２・５の濃度がＷＨＯ（世界保健機構）の定める許容量の16倍にも達し、選挙の多くが参加をとりやめたほか、防毒マスクをかけて参加したランナーも多数あり、汚染の深刻さが改めて浮き彫りとなった。

続いて11月10～11日に北京で開催されたＡＰＥＣ（アジア太平洋経済協力会議）では汚染回避のために、中国政府は企業などの操業を休みにしたり、市内に入る自家用車を規制するなどの排気ガス対策を含め、大規模なクリーン作戦をとった。しかし、大気汚染の深刻さとは裏腹のこうした付け焼き刃的対策には中国の国民もかんばしい感情を抱いていない。

そのＡＰＥＣでも環境対策の重要性が議論されたはずだが、対策は後手後手に回っている感がある。筆者が北京に滞在したときも10メートル先がかすむような状態で、自動車の運転はきわめて危険であった。

汚染の最大の原因はＬＮＧ（液化天然ガス）、次いで自動車の排気ガスである。むしろ石炭による煤煙《ばいえん》は次第に縮小しつつあるという。すなわち問題は企業を含めた排気処理がほとんど機能していないということである。自動車についても同様で、ガソリンの質の悪さも遠因ではあるが、排ガス処理のレベルが低いことに問題があるということらしい。

たしかに中国では政府をあげて環境対策に強い関心を持っているが、その多くが事後処理の対策であって、国民の教育をはじめとする事前の予防的対策がほとんどできていない。専門の大学でも技術的配慮や省エネ対策の実践プログラムは進化しているが、国家としてのエネルギー対策におけるビジョンや政策論がまったく見えないのが現状である。

かつての先進国が推し進めてきた経済成長を前提とした膨大なエネルギー使用による国家成長論を超える議論はほとんどないようだ。省エネによる新しい国家戦略のために膨大なコストをかけようとはしているが、事後のハードな技術論に偏って、企業や国民一人ひとりの環境への配慮や取り組み方を涵養《かんよう》する意識は、残念ながら希薄であるといわざるを得ない。

中国における大気汚染問題の短期間での解決は困難である。過剰ともいえるさらなるエネルギー消費の現実が待ち構えているからだ。化石燃料主体からの大きな転換がなければ、13億を超える民を潤す社会・経済活動を進めることはできない。世界の工場からの脱却を進めつつあるとはいえ、海外企業による生産拠点化を回避することは容易ではないからである。

豊富な生産年齢人口に支えられて経済成長を実現するため、エンジンをふかし続けてきたのが、いままでの中国の姿であった。しかしながら、次に襲ってくる高齢化と物価高など、地方を巻き込んだ都市化に伴う重い「負の課題」は避けられない。

その端的な現れが深刻な「大気汚染」なのではなかろうか。そう考えれば、この大気汚染問題は、中国の政策の根幹にかかわる課題なのだといえるだろう。

隣国の問題は日本の問題でもある。解決への協力を惜しむわけにはいくまい。

イタリアの遺跡保存問題を考える

2014年
12月1日

イタリアの有名な古代ローマ帝国期の闘技場「コロッセオ」の大規模な復元計画が持ち上がり、話題になっている。5万人収容の闘技場は、ローマの古代遺跡を現代の都市空間のなかに象徴的に残した遺跡として2000年の過去を表している。計画では現在は見るだけの「コロッセオ」に床を復元し、さまざまなイベントが行える現代の都市空間での活用を促したいという意図があるらしい。

イタリア政府の強い意向が背後にあるらしいのだが、多くの歴史家や建築家は否定的だ。ローマの、さらにはイタリアの、そして世界の遺産を現代の娯楽として遊びに供するのかという手厳しい批判が渦巻いている。

イタリアでは都市国家の時代から、イタリア王国のもとに統一された19世紀後半、そして今日まで、連綿と続いて議論されてきたテーマがある。それこそ世界に誇れる共通のテーマ「歴史地区(チェントロ・ストリコ)問題」である。

それは、歴史的都市の保存、再生の問題提起である。19世紀後半に首都となったローマでは、その歴史の象徴としての古代遺跡を永続的に保存し、周辺の住宅や中世的な街並みを排除しつつ、公園や広場に開放して遺跡の象徴化を際立たせている。

ローマ観光のメッカともなっている「フォロ・ロマーノ」がその典型で、現代のローマの都市空間を整備するうえで象徴的役割を担っている。そのため、周辺部の中世的街並みや景観はことごとく排除され、今日に至っているのだが、保存の考え方、すなわち文化財の残し方「モニュメント主義」に向けられる批判は現在もくすぶり続けている。

平易にいえば、都市の歴史的保存・再生問題とは、単に優れた歴史的建造物の保存をいうのではなく、都市としての連続・継承性のなかにとらえることであることがもっとも大切だという指摘である。孤立したモニュメントではなく、それを支えるにふさわしい周辺の街並みや環境があって、その意義が認められるのである。

コロッセオの復元計画は、単純かつ性急過ぎる感が否めない。現代的機能を備えたイベント会場にふさわしいものにするという姿勢に対する批判があるのは当然であろう。モニュメント性は現代の有用性を強力に巻き込むことはできても、長きにわたって議論されてきたイタリアの「チェントロ・ストリコ問題」に答えを出せるのか。

たしかに日本でも、優れた街並みやモニュメントにふさわしい建造物は明治村に原形保存し、過去の遺産を垣間見せるだけではなく、外観など主要な部分は残して、内部は現代の使用にフィットする空間にあわせて活用することが大切であるといわれてきた。

コロッセオの復元計画も、そうした価値観に即していえば成り立つのだろうが、はたしてそれで通用するのだろうか。

日本の歴史的遺産を取り込んだ街づくりの課題も同じである。残される文化的遺産(モニュメント)に連携し、環境を生み出すさまざまな周辺部を形成する力を汲み上げてはじめて、「生き続ける都市」の存在意義が見えてくるのである。コロッセオ問題は日本にとっても他人事《ひとごと》ではない。

新たな対立と状況の変化

2014年
12月25日

20世紀末に米ソの冷戦と呼ばれた対立が終結、グローバル社会という新たな資本主義(自由主義経済)の流れが生み出されてきたが、再び世界は米ロ対立の流れに翻弄《ほんろう》され始めた感がある。いうまでもなく、エネルギー資源をめぐる対立である。ウクライナ問題に端を発し、ロシアから欧州への天然ガス・パイプライン建設の中断、東シベリアや北極海、西シベリアでの原油、ガスなどの開発の停滞、北極海大陸棚の米ロ共同開発も米国の引き上げで暗礁に乗り上げた。供給側のロシアと需要側の欧州で制裁合戦が始まっている。

一方、欧州との連携を強める米国のシェール・ガスのシェア拡大を阻止するため、世界の原油生産量のトップを誇るサウジアラビアが中心となり、ＯＰＥＣ(石油輸出国機構)は減産を見送り、原油価格を想定以上の低価格に抑えている。

これにより、ロシアも苦境に立たされているが、ＯＰＥＣも米ロの動きを見ながらエネルギー供給のあり方を模索せざるを得ない状況に追い込まれているということだ。まさに、米ロのエネルギーをめぐる覇権《はけん》争いが、中東、欧州を巻き込んで勃発したという様相を呈している。21世紀に再びということか。

日本のエネルギー戦略は、こうした戦争のなかでなかなか見えてこない。日本も参画するロシアの極東のＬＮＧ(液化天然ガス)計画も米国のシェール・ガスとの競争激化で先行きは不透明になりつつある。

エネルギー問題が今後の世界のパワー・バランスの根幹を握っていることはいうまでもないが、

日本はどのような戦略を持って世界のエネルギー戦争に参画するかが明確でないことが問題だ。国内での議論、すなわち原発と再生エネルギーをめぐる舵とりなどの問題以上に、現実の資源エネルギーの活用は避けて通ることはできないからである。すなわち現状では原油そのものが現代文明を支えているという現実を抜きには、エネルギー問題は語ることができないからである。

こうした世界の現実のなかで、日本の戦略はどこに向かおうとしているのか。国内のそれぞれの業界のとるべき姿はどうだろうか。それらは依然として国民に開かれ、共有されることがほとんどない。われわれ建設業界では、資材の大半を海外からの輸入に頼っている。それは製品としての資材だけではない。原油からの加工品が膨大な電力消費と相まって供給されている現実を理解しなければならない。

とりわけ日本は原油はもとより、資源のほとんどが海外依存で成り立っている。建築分野の裾野の広がりからいっても傍観者でいることは許されない。都市や建築がまさにそうした現実のなかに組み込まれて出来上がっていることを視界に入れる必要がある。

現代の都市や建築とは、今日のグローバル社会という枠組みのなかでなされている生活や社会経済活動の総称なのであるからだ。もはや、われわれは小さな日本という枠組みのなかにあるのではない。大局的なエネルギー問題を視野に入れた都市論、建築論がなぜないのか。状況は変わり始めている。

市場と社会の欲望

2015年
1月28日

世界経済が原油価格に揺れ動かされている。最近の原油価格の下落には驚かされるが、その原因がまさにエネルギー問題であり、各国の世界戦略の要にそれがあって、世界経済の流れをつくり出している。

ＥＵ（欧州連合）、米国、ロシア、そして中東の産油国それぞれの政治的主張と覇権《はけん》主義による相互の駆け引きによって原油価格が決定され、資源の枯渇などという課題は、いまや遠い彼方《かなた》に棚上げされ、需要を上回る供給過剰状態にある。

価格はまさに政治的駆け引きによって決まるのである。さらに原油価格の下落は世界の債券市場の金利の低下を誘導し、日本のみならず、世界のＣＰＩ（物価指数）上昇をも抑え始めている。

一方、米国のシェール・ガスが注目されたのもつかの間、原油価格の下落の影響で、次世代のエネルギーとして注目されてきたことが嘘のように関連企業の廃業が相次いでいる。

それに投資した日本の企業も巨額の損失を出して撤退を余儀なくされるなど、原油を取り巻く環境の変化によって、世界経済は混乱の様相を呈している。資源需給バランス戦争はあきらかに新たな局面を迎えたのである。

現代文明が今日の繁栄を謳歌してきたのは石油を中心とした化石燃料のおかげであるが、世界的な経済活動の鈍化によって、その使用量は次第に低下し始めている。そして世界の動向は再生エネルギーへの取り組みに熱意と関心が向けられつつある。さらには技術革新による省エネルギー技術の進化もエネルギーの使用量削減に寄与し、着実に成果を生み出している。

このような状況のなかで原油価格は、当面上昇しそうにない。しかしながら、このような世界のエネルギー環境の動向に対し、日本のエネルギー政策の舵とりはきわめて従属的だ。都市エネルギーのあり方は都市運営の要でもある。

エネルギーの大半は都市活動に費やされる。その細部を構成する建築と建築群の取り組みも重要であることはいうまでもないが、それがただ一方的な低炭素社会の推進だけではアクチュアルな現実は何も見えてこない。

いま、われわれは現実のエネルギーとどのように取り組み、活用すればよいのか、そのあり方が都市の運営に大きく影響することを考える必要に迫られている。

しかし、原油価格の下落を受けて、米国の自動車業界では低燃費型のエコ・カーではなく、市場の関心に引きずられる格好で排気量の大きい大型ピックアップ・トラックの増産を優先させる方向に舵をとり始めている。

こうした市場と社会の欲望の現実には嘆息せざるを得ないが、再生エネルギー問題をも含んだ多様なエネルギーの選択は、市場の状況にすべてが託されるということなのだろうか。そして、その関心は世界の原油市場をも変え、その市場の動向がわれわれ自らの未来の方向をも描き出すことになるのか。

そうしたアクチュアルな現実のなかに、日常の都市の活動や自らの社会があるということを踏まえれば、ライフスタイルまでもがそうした流れ(市場経済)に連動するという現実であることをさらに思い知らされる。

アジアインフラ投資銀行

2015年
4月9日

世界経済の動きが大きく変わろうとしている。フランスの経済学者トマ・ピケティによる資本主義論が話題になっているが、まさに世界経済の枠組みが変わり始めているのだろう。基軸通貨であるドルだけではなく、世界の多様化の流れのなかで地域や国柄、それぞれの特色に見合った通貨と仕組みを意識させられたのが、いま話題を集めている中国発のアジアインフラ投資銀行（ＡＩＩＢ）である。

中国の国力と経済力の大きさを考えれば、当然ともいえる動きだろう。今後のアジアの発展において中国が主導権を握ろうとする流れは目に見えている。日米を除く英国をはじめとする主要先進国はいち早く参加を表明し、さまざまな思惑を持って世界の潮流がどうなるのかを見守っている。

日本は米国に気をつかって参加を見送ってはいるが、流れは変わらないであろう。なぜならば、世界の経済のエンジンは中国を含むアジアにあるからである。これからインフラ整備が不可欠な国や地域にかかる建設費用は膨大だが、それだけではない。その整備が完了した後の維持管理、運用、そして、それらの応用に経済発展の未来は集約されているからである。

ＡＩＩＢの中身と運用は不透明だが、世界の監視機能が働けば、おのずとクリアになっていくことだろう。こうした動きに注目が集まるのは、21世紀の世界経済の要となる場所が中国を核としたアジア地域だからである。

本来は日本も重要な役割を持ち、果たしていく責務がある。もはやメンツの問題ではない。大局的に見れば当然の帰結が導き出されるのではなかろうか。

日本の役割は、参加を前提として内部から積極的に発言、行動し、さまざまな日本の高度な技術支援が可能な枠組みを構築することだ。中国脅威論も確かであろう。しかしながら、時代が着実に変わりつつあることもまた確かである。

中国も過去の自らの態度で国際社会の合意をとりつけられるなどと考えてはいないはずである。未来に向かう中国のありようは中国自らが考える問題だが、世界も中国の変化と進路に注視せざるを得ないからである。

日本が経済の分野で中国の圧倒的パワーに勝つことは容易ではない。日本はそこで勝負するのではなく、技術立国としての野心とプライドを前面に出し、主体性を持って世界をリードしていくような行動をとりつつ、信頼を勝ちとることが必要である。場合によっては中国をしのぐ経済的蓄積を生み出すことにつながるかもしれない。

しかし、いまは中国の思惑がどうであれ、AIIB参加について改めて検討することが必要だろう。それは日本のアジアにおける、いや世界における技術立国の未来へ向けた展望にかかわる問題だと思われるからである。

日本はすでに人口減少やさまざまな面でシュリンクし始めている。そうした状況を打破するためにも、アジアの健全な発展に向けて全力を発揮して貢献することが必須である。それは日本の新たな技術力と国力を生み出すことになるのだから。

EUとギリシャ問題から

2015年
7月17日

EU(欧州連合)のギリシャへの金融支援が、同国の国民投票での財政緊縮案受け入れ拒否などの紆余曲折《うよきょくせつ》を経て、条件つきながら再開されることとなり、欧州統合の理想は辛くも保たれた。EUは、ローマ帝国以来の安定した秩序、単に政治や経済の結びつきだけではなく、各国の矛盾や利害相反を越えて新しい世界秩序を目指そうとした壮大な実験でもあるが、そのような矛盾などは当初から織り込み済みであった。

もともとEUは財政規模や産業、文化、人口、教育レベルなど、国ごとの個性や相違を尊重しながら、通貨を含めてモノ、ヒトなどの交流を相互に開放するという理想像を掲げていた。したがって、経済的弱者への支援が前提としてあった。しかしながら、それが現実となるとさまざまな利害が噴出してきたのである。

この問題は、単にギリシャ一国の財政破綻《はたん》だけで片づけられない「現代社会の理想と現実の深い溝」の問題でもある。EUとは、国家とはいかなる存在であるのかを再定義し、それを共通の認識とするほどの覚悟がなければ成立しなかったはずである。その認識のないままに、現実の問題をなおざりにして大国の思惑だけで誘導してきたのである。

ギリシャのような小国家など容易に吸収できると考えていたのであろう。しかし、何千年にわたって積み重ねてきた歴史や文化と、グローバル社会における経済との一致はきわめて困難な問題だ。大国ドイツはそのことを織り込んでEUを考えていたのか。ギリシャ問題よりも、まずEUの課題と責務、使命を明らかにせねばなるまい。

ひるがえって、アジアにおける日本のスタンスを問う意味では、安倍政権が進めようとしている課題は一層深刻さを拡大し始めている。議論もないままに、性急な結論を出せば間違いなく先を見誤ることになる。

建築界も同様である。さまざまな立場の相違はあるが、端的にいえば建築界は設計と施工の二つの分野によって成り立っている。その周辺にはそれらをサポートする多様な分野もあるが、まず設計者と施工者両者の緊密な意思疎通に加え、さまざまな技術的課題に対する連携や適切なマネジメントなくして建築界は成り立たない。

特に今日では、設計の初期段階から相互に両者が連携をしなければ建築の課題を解きほぐすことなどできない状況がある。すなわち、それぞれがプロとしての専門的立場を堅持しながらも、さまざまな知恵の交流を設計の当初から進めていくことがなければならないということなのだ。どちらが主体的であるかはいうまでもない。

さらに重要なことは、主体者の見識と柔軟な許容力、そして社会的倫理観である。2014年6月には、いわゆる品確法が改正され、「多様な入札契約方法」の導入、活用が求められている。その枠組みのなかでも、もはや建築界を専業、兼業などというくくりで議論することは意味をなさなくなっている。

しかし、現実は設計か施工しかないのである。いま細分化、多様化している役割のありようを原点に戻って、誰が建築の主体的責任を担保するのかを考えれば、ギリシャ問題を引き合いに出すまでもなく、それは明白である。

ＥＵの現実と英国の決断

2014年
6月20日

ＥＵ（欧州連合）が自らの統合の理想と現実の矛盾に翻弄《ほんろう》され始めている。

英国のＥＵ離脱がリアリティを持ちつつあるからである。もし英国の離脱が実現すれば、同じような問題を抱えているフランスも同調することが考えられる。さらには、財政問題にあえぐギリシャなどにも波及し、一気にＥＵの崩壊という悪夢のシナリオが現実味を帯び始めることになる。

もともと英国はＥＵの理念を共有してはいるが、通貨統合は果たしていない。その意味では英国のＥＵに対する非協力的態度はいまさらというところだが、それでも英国はスコットランドの独立問題などを抱えながら、ＥＵの大義を一応認めてきた。

しかし、ＩＳＩＬ（イスラム国）のテロやシリア内戦などによるＥＵ諸国への難民流入がさまざまな秩序を破壊し、各国の経済・雇用問題にも影響を及ぼすこととなり、潮目が変わってきた。ＥＵの成立をリードしてきたドイツにおいてですら不安要因が拡大し、ＥＵ各国にとって難民受け入れ問題は、もはや自国の経済格差問題のみならず、人種差別問題にまで波及しつつある。右翼団体に代表されるナショナリズムの台頭だけに限らず、自国経済の安定やテロなどの犯罪行為の阻止を求めて、多くの一般国民が自衛 yの立場から難民の排除を表明し始めたといってもよい。

しかも、ＥＵは新たな移民への社会保障を入国後4年間制限する英国の移民制限策などの改革案を飲む形で譲歩、合意し、これを受けて、英国は２０１６年6月の国民投票でＥＵ離脱に関する最終結論を出す予定だという。いまやＥＵは“More Europe”か“Less Europe”の選択に迫られている。

こうしたＥＵの混乱は、まさに自らが植民地主義の時代に行ってきた行為の結果ではないのか。ヨーロッパが犯してきた偽善を省みない限り、こうした難民問題は解決する兆しが見えてこないだろう。

しかし、難民の流入によるさまざまな犯罪やテロ、雇用の崩壊、経済的不安や財政問題などに対し、自国の利益を守ろうとする姿勢も間違ってはいない。ＥＵが掲げている理想と現実の乖《かい》離《り》をどのように埋めていくべきなのか。

ひるがえって、われわれ日本の社会も長い歴史と現在のさまざまな矛盾のうえに成り立ってはいるが、それにしても、ヨーロッパの歴史と難民問題は気の遠くなるような話である。その現実をいかに解決できるのか、そしてどう乗り越えようとしているのか。日本では遠い国の出来事のように傍観するにとどまっているが、アジアでもそうした事態が起こらない保証はない。国内の政治・経済などの矛盾など、ＥＵの困難に比べても、何をかいわんやである。

日本には宗教的対立、民族問題などが皆無に等しく、国内に大きな不和もない。世界的に見てもこれほど安定した国はなく、ある種の理想郷のような国である。

しかし、いま英国はＥＵ離脱という国家的岐路に立たされている。そのときＥＵの理想と現実はどこへ行くのか。この問題は対岸の火事ではない。これを日本の問題としてどうとらえるのか、そしてどのように応えていくのか、われわれ一人ひとりの自らの姿勢が問われている。

TPPの課題と認識

2016年
3月9日

米国の大統領選は、いわゆるスーパーチューズデーを迎え、共和党ではトランプ氏が、民主党ではクリントン前国務長官がそれぞれ圧勝、二人の一騎打ちの様相を呈してきた。

気になるのは二人とも内向きな姿勢であることだ。かつての孤立主義を思わせるような過激な発言が持ち味のトランプ氏はともかく、クリントン氏も露骨ではないものの、そうした姿勢が見え隠れする。

ここで懸念されるのは、米国が培ってきたフロンティア精神や自由の国の理念が、保護政策を基調とする過去の悪夢へと逆行するように思える動きである。選挙に勝つための国内向けの戦略とはいえ、強い米国というメッセージは世界に向けた声明であったはずが、いまや国内に発信することしかできないという弱さを象徴している。

トランプ氏の差別的ともいえる暴言はおくとしても、クリントン氏までがTPP（環太平洋戦略的経済連携協定）への参加については否定的発言を行っている。オバマ政権の方針とは乖離《かいり》した発言である。

2015年のアトランタでの合意はどうしたのか。米通商代表部のマイケル・フロマン代表と日本の甘利明経済再生担当大臣との握手は何を意味していたのだろうか。TPPは米国の戦略、いい換えれば米国の理想、すなわち米国を中心とする環太平洋の主要12カ国が経済的連携を深め、関税などの障壁を取り除き、相互にスクラムを組んでモノの移動を自由にし、EU（欧州連合）にも匹敵する強固な国家連携を図ろうとするものである。

そうした戦略をオバマ大統領のもとで進めてきたにもかかわらず、クリントン氏は米国のTPP参加は自国の製造業の衰退と雇用悪化を招くとして、反対の姿勢を崩さない。こうした姿勢はEUが自国の雇用不安や犯罪の多発を懸念して、難民問題に逃げ腰になっているのとまさに呼応する。

EUにおいて主導力を発揮してきたドイツですら、当初掲げていた"Welcome to Germany"という声は聞こえてこなくなってしまった。EUの解体論まで囁《ささや》かれる状態である。当初掲げたEUの理想や大義はいまどこへ行ったのだろうか。

そうしたなかで、米国発TPPの行方はどうなるのか。2016年2月4日の署名式から2年以内に全12カ国が国内手続きを終えれば、協定が発効の運びになる。手続きが終わらなくても、少なくとも6カ国以上が手続きを終え、さらに、それらの国のGDP（国内総生産）の合計が参加12カ国のGDPの合計の85パーセントを上回れば、その60日後に発効となる。そして、米国と日本がGDPの約8割を占める。

こうした状況であるにもかかわらず、クリントン氏は、いまさら国内雇用を守るための主張を繰り返している。米国の威信や信頼ばかりでなく、TPP参加国の努力を否定し、環太平洋の戦略的経済的連携を反故《ほご》にするような事態である。中国発のAIIB（アジアインフラ投資銀行）も、同様に自国だけの思惑先行で、相互の利益を図るという理念とはほど遠いものになりつつある。

国際的連携という大義や理想は、自国の「経済的利害」の前に挫折するという結果を生み出している。この問題は日本にとっても同様に大きな問題なのである。

地政学的視界の回復

2016年
3月16日

英国は国内でスコットランドの独立問題という葛藤を抱えつつ、EU（欧州連合）に対しては内向きの民族主義をもって離脱の動きを見せている。中国には原子力開発の支援や経済的協力を仰ぐ形で接近している。

その中国が主導するAIIB（アジアインフラ投資銀行）の趣旨は、東アジアを中心とする経済圏の連携である。そのなかで日本の果たすべき役割は想像以上に大きかった。経済規模はいうに及ばず、経験、人材なども含め、日本の参画がなければ世界的格付けを得られないことは目に見えていた。

日本もそのことは分かっていたが、米国との綱引きのなかでその流れは消えてしまった。それに対し、環太平洋地域の経済連携を図るTPP（環太平洋戦略的経済連携協定）は、米国と日本による世界戦略があきらかに盛り込まれている。こうした構図のなかには米国、中国、英国、そして日本の四つ巴の戦略的意図が見え隠れしている。

このような前置きを記した理由は、さまざまな政治的・経済的国家戦略が世界の地政学的構図のうえに成り立っていることを示したかったからである。各国の国力の低下が世界秩序を複雑にしている現在、地政学的視界の重要性を再認識しなければならないということである。

冷戦時代は、米国と旧ソ連の強大な二つの国が世界の秩序を支配してきたが、その構図はもはや存在しない。こうした状況は先に述べたEU、AIIB、TPPなどの新たな枠組みの戦略がまさに地政学的構図のなかで動きだした事実の裏づけになるのであろう。

地政学とは、変えることのできない地理や歴史、民族、宗教などの要素を踏まえて、国家間の関係や戦略・外交上の利益やリスクについて考えるというものである。そうした要因をとり込むことは、今日の状況下においてきわめて大きな意味を持ち始めている。

これとは反対に、われわれの日常も同様にミクロの地政学的立場を見逃して考え、行動することは困難になり始めている。本格的な脱近代化社会や高齢化社会を迎えるなか、ただ成長を目指す目標型社会から多様な価値観を許容する社会に移行しつつある現在、変えがたい土地の文脈や歴史、文化という伝統のうえに立脚した都市や建築のあり方が強く問われているという状況は、まさに今日的必然だといえるだろう。

揺れ動く、浮遊する状況だけに従って埋没するのではなく、確固たる地点に根を張るということが、いかに大切かが問われ始めているのである。

東日本大震災の復興も地方創生も、変えがたい大地の文脈や歴史、文化を無視して新たにつくり変えようとする姿勢では成功はおぼつかないだろう。

そうした文脈を強引に乗り越えようとするときには、強烈な権力や実力行使が必要になるが、地政学的に見ればそれがきわめて困難なのは明白だ。

いまや、あきらかになり始めているのは短絡的な強力なリーダーシップへの希求ではなく、深く読み込まれた地政学的考察が必要だということではないだろうか。そして、そのうえに築かれる構想（戦略的ビジョン）こそが大切なときなのではないだろうか。

レスターへの思い

2016年
5月13日

サッカー熱がこれほど日本に根づくとは誰が思い描けたであろうか。イングランドのプレミアリーグへの日本人選手の参加にも驚かされたが、チームの主力選手としての活躍、そして所属チーム、レスター・シティFCが予想に反して初のリーグ優勝を果たしたことはさらに驚かされる。

同時に、世界の関心はチームのある田舎町レスターへも集まっている。筆者の思いも岡崎慎司選手の活躍とチームの初優勝以上に、レスター（独立行政区）という地名に特段の思いが込み上げてくる。

1960年代、建築への思いを募らせ始めたころ、ロンドンにいた友人とそこから北へ150キロメートルほど離れた小さな都市を目指した。建築家ジェームズ・スターリングが設計したレスター大学工学部棟を訪ねようとしたのだった。

耳を頼りにイースト・ミッドランズのカウンティであるレスター・シャーを探したが、なかなか見いだすことができず、レスターを“Leicester”と綴《つづ》ると初めて知り、慌てたことを思い出す。

日本では近代建築真っ盛りのときであったが、ビートルズを筆頭に、新しく時代を変えていく英国には強い憧れをもっていた。古い伝統を尊重しながら、常に世界に先駆けて新しい発見や発明をする国の魅力に強く惹《ひ》かれていたからである。

レスター大学工学部棟の英国伝統の赤レンガと緑の芝生のコントラスト、そこにかかるガラス屋根の造形美の出現に驚きを隠せなかった。当時、未来を約束するような勢いを持っていた白く輝く近代建築、すなわちル・コルビュジエに代表されるモダニズム建築とは異なる建築を知ることになったからである。

場所の持つ個性と伝統、そして現代技術の融合というそれまで知らなかった建築のあり方を学んだという意味で、大いに興味を抱いた。研究室や事務室の高層棟と実験室(工房)の低層棟というマッシブな二つの要素による構成は、この建築のプログラムを明確に表現しており、さらに、天窓や窓の扱いによる光のとり入れ方が内部空間の特性を表している。

スターリングの思想の根底には建築形態へのこだわりが存在し、機能やプログラムとシンボリズムを同次元的に表すことを意図している。シンボリズムは外形の明快な構成を示す。そして、内部にそれぞれの機能特性をソリッドな塊のなかにとり込みつつ、その機能の一部を光や空気のとり入れ口などの外部に表出させる。ある意味では古典的にも見えるが、それは近代建築を乗り越えようと苦闘する姿勢であり、私たちの感性を強く刺激することになった。

世界のサッカーの檜舞台にレスターのチームが突然登場したかのように、建築家スターリングの存在が再びいまに生きようとしているかのようである。

古都の美しさや大学の存在、そしてスターリングという建築家の存在、彼の代表作品ともいえるレスター大学工学部棟といった忘却の彼方《かなた》にあった記憶、いわばわが青春の思い出がレスター・チームの優勝によって呼び起こされた。感慨ひとしおである。

ロンドン市長選の結果

2016年
5月24日

２０１６年5月8日に行われた英国ロンドン市長選挙で、イスラム教徒で移民家庭出身のサディク・カーン氏が当選した。氏は人権派弁護士から、労働党下院議員となった経歴を持つ。対立候補に30万票以上の差をつけての勝利である。

ロンドン市民の決断に驚くと同時に、大いなる敬意を表したい。英国市民の知的な判断力と多様性を受け止める寛容さには驚きを隠すことができない。

英国の移民政策はかつての旧植民地からだけでなく、ＥＵ（欧州連合）加盟国からも受け入れる大いに寛容なものである。特にロンドンではイスラム教徒が人口の13パーセントを占める勢いだ。しかしながら、欧米では一様にイスラム教徒への反感が高まっている。とりわけ米国の大統領予備選では、建築界にも知れわたっている不動産王ドナルド・トランプ氏がイスラム教徒への批判を繰り返すなどしている。

そうしたなかで当選直後のカーン氏の「ロンドンが恐怖よりも希望を、分断よりも団結を選んだことを誇りに思う」という言葉は、まことにロンドン市民の見識の高さと賞賛に値する寛容性を示すものだ。

多様性を受け入れる寛容さが欠けていること、それがいまの世界の最大の危機である。自国の信念、アイデンティティを持ちながら、多様性の何たるかを考えることのできる国の資質は「政治の力」にこそ現われるのである。

ひるがえって、わが建築界の出来事、すなわち先の新国立競技場問題の体たらくは、建築界の信頼を失墜させただけでなく、国の威信さえも喪失させる事件であった。強く反省しなければならない。

いまさら、ことの顛末《てんまつ》を述べるつもりもないが、政治と建築界の関係と決断のあり方はきわめて大きな問題をはらんでいる。国家的プロジェクトともなれば大規模な投資はむろんのこと、社会や都市のあり方にまで影響を及ぼすからである。

政治家が何をもって結論を導き出すのか。そして、その決断に対して建築界は何を問い、示すことがなぜ大切なのか。そうした政治と建築との対話は日本の場合、いまどこに見いだすことができるだろう。政治には都市や建築に対する強い見識がなければならないのはもちろんだが、建築界自らもそうした対話や意見の交流が不足していることを強く認識しなければならない。

安倍首相の最終的決断、すなわち「白紙撤回」の重みである。巷に聞こえることは工期や工事費の問題だけだ。国、都市や建築のあり方、希望、未来への資産など、国家的プロジェクトにおいて国家のトップの決断とはいかなるものなのか。より大切なものがあることを国が示すべきだったのではないか。

それに対し、建築家は高い見識をもって応え、希望を示すことが大切だったのではないのだろうか。この出来事を通して世界の建築界ばかりか、日本国民からも建築家が信頼を失ったのは残念なことである。

新しいロンドン市長の誕生と比較できる問題ではないが、単に工期や工事費の問題で国家的プロジェクトを反故《ほご》にしたのは、政治と建築家の深い哲学的対話の未成熟以外の何物でもない。それ以前に日本の社会、民意と政治が未熟であることがロンドンの市長選挙を通して見えてくる。

スクラムを組む意味

2016年
6月3日

最近は、日本でもラグビーが話題になることが増えた。英国で開催された２０１５年のラグビーワールドカップで強豪の南アフリカチームに勝利したことがきっかけだろう。とりわけ五郎丸歩選手に注目が集まった。

ラグビーのルールは一般的に十分知られているわけではないが、ボールの所有権をとるために8人のフォワードが一丸となって組むスクラムは、ラグビーの本質を表しているように思えてならない。スクラムの一体感こそが勝利への道筋を示すように思えるからである。

いま、その英国がＥＵ(欧州連合)から離脱するかどうかが世界の関心を集めている。ＥＵ離脱の是非を問う国民投票が２０１６年6月23日に予定されているが、離脱派と残留派との鍔競《つばぜ》りあいが過熱しており、予断を許さない状況であるといわれている。英国のＥＵへの影響力は独仏に次いで大きく、世界経済、日本に対する影響も当然少なくない。日本企業の英国への投資はＥＵあってのものだからである。

一方、英国自体の経済的ダメージも少なくない。英国内はいうまでもないが、関税のないＥＵ圏への輸出入額は全体の50パーセントを占める。ＥＵ離脱により再び関税がかかる可能性もあり、経済的負荷と引き換えにできるのかという懸念を抱えながらも、移民政策やほかのＥＵ諸国の債務危機に対する不信感が鬱積《うっせき》しており、スコットランドの独立ムードもあって、離脱の勢いが弱まる気配は少ないのが現状である。

たしかにＥＵ統合前にも利害衝突はあったが、統合後はその歪みが一層強くなりつつあるようにも思える。しかしながら、統合の意義はそうした衝突より大きいはずである。欧州が一つになることはローマ帝国以来の欧州の夢であり、理想なのである。それは古くからの歴史的恩讐《おんしゅう》を超え、共通のテーマを携え、強者は弱者に手を差し伸べるという連合のあるべき姿の体現であった。

各国のアイデンティティや文化を尊重しつつも、欧州統合の理想のもとに描かれたのがＥＵである。そこにはＥＵの世界戦略も組み込まれている。欧州各国によるスクラムこそがＥＵの力であり、姿なのである。

スクラムによって一人では成し得ない力を発揮し、その力を強《したた》かに行使することこそ世界戦略の構図である。いまや世界の政治、経済のどれをとっても一国や一人の力では何もできない。共有するテーマをもって一つのチームを構成しなければならない。重要なことは、チームの団結と行動を示すスクラムではないかと考える。

ひるがえって考えてみると、日本には強い意志の表れとしてのスクラムはほぼ皆無である。よく似た組織のあり方としては「護送船団」方式があろうが、それは強い意志の表れとは程遠い「赤信号みんなで渡れば怖くない」の類である。企業やさまざまな組織が同様の行動をとることはあるが、スクラムを組んでボールを味方に渡すという作戦はない。曖昧《あいまい》な自己の利益を持つという構えである。

ＥＵ各国それぞれが利害を超えて組むスクラムのなかに、先のロンドン市長選挙を経た英国の姿が見られることを期待している。

保護主義とグローバリズム

2016年
11月1日

米国の大統領選がいよいよ終盤を迎え、クリントン、トランプ両候補の舌戦がますます過熱している。しかしながら、どちらが勝利しても米国のスタンスは大きく変わらないだろうといわれている。両氏とも米国内の雇用や内政に向けた利益を優先させる保護主義的政策を示唆しているからだ。

自由貿易の浸透によって自動車や鉄鋼などの生産拠点が世界に拡散し、米国内の労働者の雇用が奪われ、自国の基幹産業の衰退を招いたという論理に基づいている。日本やドイツなどが攻撃の対象だが、むしろ途上国であった中国やインド、メキシコ、台湾などの工業力の飛躍的な拡大がそうした事態を生んだ原因であろう。

しかしながら、それはグローバル社会においては必然の結果である。米国内でも、例えば、アップル社などはそうしたグローバル化を必然としてとらえ、生産部門は労働力が廉価で生産性の高い中国やインド、台湾などに移す一方、特許料や新規開発のノウハウは自国に残した基幹部門で強《した》かに確保している実態を見れば、よく分かることなのである。自動車などの産業ではきめ細かなノウハウの開発や技術的研究が後れをとってきたことも衰退の原因なのである。

保護主義とは高い関税をかけるなどして外国製品の国内への流入を防ごうとすることだが、自国では生産できない、あるいは未熟なレベルの分野までも排除すると、自国の能力開発を阻害する結果になり、かえって自国産業の保護にはならないことを考えておく必要がある。

日本の近代化が、米国の黒船を迎え入れることにより始まったという事情を考えれば分かることだが、もはや世界の潮流はグローバリズムという、過去には想像もできなかった現実のなかにある。それを考えれば、保護主義という主張の未熟さに呆《あき》れてしまう。

グローバル社会の現実をどのように理解するのか。そのためには、より高度で複雑な思考と哲学を持つ必要がある。英国のＥＵ(欧州連合)離脱も問題は同根だ。自国を閉ざすことは地理的には可能であっても、インターネット社会ではまったく通用しない。望むと望まざるとにかかわらず、国民という存在はグローバル社会の一員になってしまっているからである。

建築の世界ももはやグローバル時代である。もちろん、地域や土地の文脈、コミュニティはことのほか重要であることはいうまでもない。しかしながら、いまやコミュニティも地域だけの閉じたものであるわけではない。

どのような小さな社会もグローバル社会の一員である。そのような社会のなかにコミュニティがあるという自覚を持って建築を考えていく必要がある。ゲーテッド・コミュニティ(Gated Community)ではいけないのである。

世界の潮流を無視して、自らの存在しか考えない保護主義的思考では、グローバル社会のなかで生きてはいけない。相手の存在を認めなければ、己の成長などあり得ないからである。国家や民族の間、あるいは地域や組織などの間での豊かな関係を構築していくことこそが、グローバル社会という新たな社会の一員として生きるための最低限の資格なのである。

トランプ現象と反近代主義

2016年
11月28日

米国大統領選挙は、アメリカ・ファーストを標榜《ひょうぼう》し、内向きの姿勢を強く打ち出した共和党のドナルド・トランプ氏が勝利し、世界に衝撃が走った。各国とも未知数の不安に一分の期待が入り混じり、これからの世界の動向がますます不透明感を増してくるように思われる。すでにEU（欧州連合）各国の移民流入への反発、それを反映するかのような英国のEU離脱など、世界各地でグローバル化の流れに相反するベクトルを志向する傾向が顕著になりつつある。大衆の不満や苛立ちが爆発したのである。経済学者のトマ・ピケティが看破《かんぱ》した格差社会の現実が、大衆迎合（ポピュリズム）となって反映しているのであろう。

オバマ大統領ですら、2013年に「米国はもはや世界の警察官ではない」といい放ったことは記憶に新しい。これこそ、世界が一つになることの難しさを示した宣言だった。その後、世界のブロック化が一層進行してきた。トランプ氏の出現は、ある意味で必然の結果なのであろう。

思い起こせば、建築の世界でも類似した動きがあった。英国の建築批評家チャールズ・ジェンクスが『ポスト・モダニズムの建築言語』（1977年）で20世紀初頭からの合理的、科学的、進歩的な近代主義に対し、過去の歴史的建築言語を見直し、近代建築の教条主義、禁欲主義からの解放を主張したポスト・モダンである。実作としてはマイケル・グレイブス設計の米オレゴン州にある「ポートランド・ビル」（1982年）などが有名だ。

哲学の世界でもジル・ドゥルーズなどが理性を信奉する近代思想を痛烈に批判し、中心のない世界の到来「リゾーム」を表明して、建築界にも大きな影響を与えてきた。さらには新聞記者であった米国のトム・ウルフは、バウハウス以降のモダニズム建築は理性によって生み出されたもので、真の大衆の欲求や意志の反映ではなく、過去の歴史的様式建築にこそ、大衆の本来の気持ちがあるのだと喝破《かっぱ》した。そして、米国人の原風景であるビクトリア様式などの歴史的復古調をとり入れたデザインを大衆が喝采《かっさい》して迎えたのがポスト・モダンだとして、その必然性を解明した。

このように、1970年代から80年代にかけてのポスト・モダン・ムーブメントは、まさに今日でいうサイレント・マジョリティが立ち上がった時代であった。大衆の声にあわせた時代のトレンドが世界を制したのである。

トランプ氏の勝利は、まさに現代社会の格差を肥大化させたグローバリズムの負の側面の表面化にすぎない。一方的に大衆迎合を批判するだけでは問題解決には至らない。ドゥルーズ哲学の根幹をなす理性とは何かを大衆心理を含めて理解することによって、現代の理性のエリート主義を是正することが求められているのではないか。

歴史を見れば、大衆の時代と理性の時代が繰り返されている。権力がときに両者を操り、大きな力を持つことになるのだが、トランプ氏がバランスのとれた思考力を持っているのか。世界が抱く不安と期待の行方は、今後の彼の行動にかかっている。

中国のネット事情とグローバル戦略

2017年
1月25日

米国の離脱宣言によって、TPP（環太平洋戦略的経済連携協定）の主導的役割を果たしてきた日本の立場が微妙になってきた。一方、中国が主導するAIIB（アジアインフラ投資銀行）がEU（欧州連合）の主要国を巻き込んで着実に動き始めている。すでに北京では巨大なAIIB本部ビルの計画がドイツと中国の連携によって進んでおり、その勢いは着実に加速されつつある。

中国の外貨準備高は減少傾向にあるが、EU、アフリカなどへの投資の勢いは衰えていない。EUを離脱表明した英国は、中国への疑心暗鬼の感覚を持ちながらも、原発や鉄道建設に対する技術や投資を期待しているし、EUの屋台骨を支えるドイツも、もはや中国なしにはやっていけぬ状況である。2016年の暮れには中国からドイツ、フランスなどを経由して、ロンドンを結ぶ鉄道の貨物運用が始動し、中国が進める「一帯一路」計画が着実に具体化し始めている。

中国のプレゼンス（存在感）を世界に向けて発信するグローバル・メディア戦略も強《したた》かである。中国国営放送（CCTV）のチャンネルの多さ、特に米国のCNNばりの専用テレビチャンネルを欧州全域とアフリカに持っていることには驚かされる。政治、経済はむろんのこと、ドキュメンタリーなども終日英語版で流されているほか、アフリカ向けに政治、経済の情報を発信するなど、内容はきわめて充実している。偉大な中国の姿をさまざまな角度から説明し、経済規模でも米国に次ぐ存在であり、もはや世界のなかで中国の地位は不動なものだとアピールしている。

むろん中国製品の氾濫《はんらん》はいうまでもない。投資額も大きく、EU、アフリカ諸国との結びつきの大きさは予想をはるかに超えたものになっている。

中国のＥＵとの強い結びつきは、日本にとってますます中国との距離を広げることになる。最近の日本への投資は皆無に等しい。そうした事態が日常的になろうとしているのである。

その中国の最大の戦略は、次世代通信規格である第5世代（５Ｇ）の通信網の整備だ。モノがネットでつながるシステム（ＩｏＴ）を世界に先駆けて整備し、その世界標準化を目指している。５Ｇは最大毎秒10ギガビットという通信速度で、第4世代（４Ｇ）に比べて10倍以上速くなるという。高速データ通信により、自動運転時の事故回避や大容量の情報の送受信による仮想現実（ＶＲ）の視聴などに利用される。

先ごろ中国の通信大手3社が２０２０年の5Ｇ通信網の整備を目指し、世界の通信大手と共同開発を進めているという報道があった。ＥＵはむろん、米国のインテルやクアルコムなどもとり込み、５Ｇの世界戦略で優位に立とうとしている。

携帯電話の契約件数でみれば、いまだ2億件にも満たない日本に比べ、中国は13億件を超える世界最大のモバイル大国である。中国が５Ｇで先行すれば、中国企業の世界進出が容易になり、米国などが締め出される可能性も出てくる。

中国の「モノと情報を結びつけた次世代戦略」であるＩｏＴが日本を飛び越えて、世界を支配しようとしている。とりわけＥＵとの結びつきは大きな意味を持ち始めている。

グローバル社会の行方

2017年
3月6日

米国のトランプ大統領は「アメリカ・ファースト」を掲げ、オバマ前大統領の理念や政策を覆して米国国内経済を最優先させるという保護主義的主張で世界を驚かせた。米国の存在感が希薄になったという認識のもと、国際競争力の低下が米国内のモノづくり産業の荒廃を招き、貿易赤字が拡大していると苛立ちを示し、さらには海外からの企業投資にも不満をぶちまけたのである。

経常収支もいっこうに改善されないまま、米国の旺盛な消費に期待し、中国をはじめ日本、ドイツなどの世界各国が米国が受けとるべき利益を横どりしているというのである。しかしながら、それはまさに世界がグローバル経済という流れを共有し始めたことが原因である。途上国も先進国の技術移転を受けて技術力や価格競争力を身につけたことで、米国がモノづくりを占有する根拠がなくなったというだけなのである。

京都大学名誉教授の佐伯啓思氏の論考（「ジャパン・ファーストの時代」『Voice』２０１７年3月号所収、ＰＨＰ研究所）はきわめて時宜を得た説得力ある内容であった。米国をはじめとする先進国の柱である二つの要件がすでに崩壊していると佐伯氏は指摘する。

一つはグローバル経済である。グローバル化により先進国のコスト競争力は低下、物価も下落してデフレとなるが、米国は大規模な金融緩和によりデフレ圧力を封印しようとした。しかし、リーマン・ショックであきらかになったように、格差拡大と製造業の凋落《ちょうらく》、国内経済の弱体化は防げなかった。ＥＵ（欧州連合）においても同様である。同氏はグローバル経済において「真の勝者は存在しない」という。

もう一つは主権国家体制であるという。すでにグローバル社会においては自国だけで自律的に政策を発動する意義が希薄化しているという指摘である。そこで、佐伯氏が提言するのは「節度ある保護主義への回帰」である。1次産業も含めて労働環境を充実させ、社会福祉や医療に富を投じるべきであるという指摘は、きわめて大きな意味があると思う。

筆者も常々これからの日本にとって農業・漁業を6次産業として再生し、人間の健康を促進させる快適都市を構築することが重要だと考えているが、同氏の論考に大きく後押しをされたように感じた。コンパクト・シティ構築の必然性でもある。

米国でもかつての鉄鋼・製鉄の町ピッツバーグのように、荒廃した後、医療・福祉・教育の都市として鮮やかに蘇ったところもある。これからの医療産業の進歩を見据え、世界中から医療関連の人材や資金、さらには患者までも集める施策により、町を一変させたのである。驚くべき変容である。

EU(欧州連合)でも同様に、スペイン・バスク地方の鉄鋼、造船の町ビルバオ市もいまや世界の観光・文化・芸術都市として蘇った。世界のノウハウや人材、資金を結集したことはいうまでもないが、まさに節度ある保護主義を実践した結果、今日の姿があるのだ。

どちらも先進国での出来事である。佐伯氏のいう「節度ある保護主義」の結果はすでに存在しているのだ。佐伯氏の論考を読んで都市や建築にかかわる者として大いに勇気づけられた。

V

分断と混乱を超えて

考えることを忘れた社会

2014年
7月24日

最近の社会現象がすべて軽薄だというつもりはないが、マスコミによる情報伝達の方法がそうさせているのか、おもしろおかしな情報操作のなかで、大衆はそれに呼応する形で楽しんでいる風潮が目立つ。

STAP細胞問題でも、小保方晴子氏や理化学研究所に焦点があたり、研究の核心の議論はない。建築界では新国立競技場をめぐる問題も、市民や建築家の意見とは程遠い場で議論が進んでいる。

東日本大震災の復興をいまどうするのか、東北の現状に関心が薄らいでいる。また、地方都市の人口減少に何を考えるべきなのかなど、われわれ建築界を取り巻く課題は山積しているが、それぞれの課題やテーマにどれほど議論を重ね、自らが参画している社会の問題として考え、とらえているのか。

マスコミばかりのせいとはいえないが、多くの市民が表層の現象のみをおもしろがるように成り下がってしまったのか。そうであれば憂うべきことだ。

2013年から話題になり、注目を集めている映画がある。『ハンナ・アーレント』という米国の映画だ。アーレントはユダヤ系ドイツ人の思想家、政治哲学者である。彼女は第2次世界大戦中、ナチスの圧政から脱出して米国に亡命した。戦後、ヒトラー率いるナチス親衛隊中佐で、数百万人のユダヤ人を死に至らしめたアドルフ・アイヒマンの裁判において、彼女がまとめた傍聴レポートが問題視される。

一つには、彼女はユダヤ人であるにもかかわらず、ユダヤ人の強制収容にはユダヤ人自身もかかわった事実をあきらかにしたこと。もう一つは、アイヒマンを自らの意思で罪を犯した悪人ではなく、思考の欠如した凡庸な男であると断定したことである。このレポートによって、彼女はユダヤ人の友人のほとんどを失った。

しかし、彼女はそれでも自らの考え、主張を曲げなかった。「考えないことは最大の罪である」という。「深い洞察こそ世界を救う」ともいう。映画は、こうしたアーレントの生き方を描く。

異論はあっていいし、多弁であっても、沈黙であってもどちらでもいい、しかし、考えない、思考を持たない人間は最大の罪だという彼女のメッセージは、現在の日本に大きな警鐘を鳴らしているように思えてならない。

新国立競技場問題に対する建築家槇文彦氏の戦いは、一人の市民として、一人の建築家として思考を続けている姿が伝わってくる。思考しなければ建築家としての存在意義はないからである。建築家として大罪を犯さないためにも、思考し続けなければならないのである。むろん、それは槇氏ばかりではない。良識ある、しかも思考する建築家は少なくないが、いわば市民の意識がそこに届かなければ、という思いだ。

アーレントは、いうなれば一つの象徴なのだ。日本のいまの状況は、すべてが迎合の世界にあるといってもいい。なぜいま、彼女に関心が集まるのかを考えれば、おのずと答えは出てこよう。これから日本が変わらなければ、日本ばかりではなく世界の未来も見えてこない。

地方の反乱

2014年
11月27日

英国・スコットランドに続いてスペイン・カタルーニャ自治州が自主独立を目指し、非公式ながら住民投票を行った。

結果は報道のとおり、投票率は4割程度ながらも8割以上が賛成票だったという。中央政府はこの投票そのものを認めていないので法的に意味はないが、自治意識の高さはあきらかになった。こうした事態が、スペインのほかの地域でも熱く繰り広げられている。バスク自治州などはその最先端にいる。

そもそもヨーロッパの西はポルトガルから、東は旧ソ連邦の一部までを経済的に統合したことが、ローマ帝国以来のヨーロッパの理想だったとしても、スコットランドなどの動きは、自主性(自我)を重んじる地域の個性が統合という名のもとに薄められ、平均化されることへの強い抵抗、反乱の表明である。

むろん、こうした地方の抵抗、反乱が必ずしも一枚岩ではないことは、スコットランドの独立が否決された結果がはっきりと物語っている。しかし、半数近くが独立賛成の意思表示をしていることも見逃せない。

EU(欧州連合)に対する不満は、EUのまとめ役であるドイツにすら内在している。旧西ドイツ地区と旧東ドイツ地区の貧富の差など、国内に多くの矛盾を抱え込んでいるからである。それに加えて、EU各国の経済格差はむろんのこと、統合によるデメリットのような現実の矛盾が時の経過とともに顕在化し始めているということだ。

ひるがえって、日本で叫ばれている地方創生の見通しはいかがなものだろうか。安倍内閣に地方創生本部が設置され、石破茂地方創生大臣が任命され、アベノミクスの成長戦略の柱である政策は世界が見守るテーマになった。

しかしながら、その中身はなかなか一般には見えにくい。創生の大きな趣旨として謳《うた》われている東京一極集中の是正、人口減少対策、地方再生が間違っているわけではないが、そこに問題の本質は見えてこない。すでに日本は成熟社会に向かっており、人口減少や高齢化は避けて通れない。

ここで重要なことは、他人には頼らない自負心や行動力である。例えば、英国の小さな町でも人口は少ないが、生活はいきいきとして活発なボランティア活動を見ることができる。バスクのビルバオなどの市民は地域の力や個性に誇りを持っていて、自ら何もかも成し遂げることを自慢するなど、気力に満ちている。

そうした自負心や自尊心に多少の問題があっても、自主独立の精神を培うことはたいせつなことだ。日本のような、お上頼りの精神と大きな差を感じる。国自体も外圧によって動かされることが多いように、他者からの意見や圧力、ときには手助けがないと動かない傾向が日本にはある。

しかし、もはや日本は小さな島国ではなく、グローバル社会のなかで生きる宿命を負わされている。厳しくとも地方に強い主体性を持たせるべきだ。財源の多くを地方の責任で賄うことは当然である。結果の責任も地方自らが負う。そのため、破綻《はたん》したならば他所《よそ》に移り住むしかない。

そうした決断と意思表明がなければ、地方創生など机上の空論で終わることは目に見えている。過激な意見だろうか。

ハンナ・アーレントの苦悩

2015年
1月30日

フランスで起きた悲しむべき連続テロの報に接し、唐突に哲学者ハンナ・アーレントのことを思い出した。彼女はナチス・ドイツ政権下で自らもユダヤ人であるという葛藤のなかで全体主義を批判し、さまざまな政治的状況下にあっても公共性の本質に迫ろうとした希有《けう》な政治哲学者であり、思想家である(248ページ参照)。

日本でも2013年に公開され、話題になった映画『ハンナ・アーレント』で描かれたとおり、彼女はアイヒマン裁判の推移を克明に傍聴し、ある雑誌の記事としてまとめ、発表した。

アイヒマンはユダヤ人大量虐殺の実行責任者を務め、戦後はアルゼンチンへ逃亡し、イスラエルの諜報特務庁によって捕まったナチス親衛隊の将校である。最終的に裁判で彼は死刑になるのだが、彼女は、虐殺の実行はアイヒマンの意思によるものではなく、完全な無思想性に起因しているとし、彼は邪悪な人間ではなく、ただの凡庸な男だったのだと指摘した。

どのような冷酷無比に見える人間でさえも絶対的な悪ではなく、むしろ平凡な人間が陥る「陳腐な悪」しか持てなかったのだ、とアーレントはいうのである。

テロが起きたフランスでは、欧州各国の首脳も結集したパリ大行進があった。テロ、暴力への抗議で団結を示す一方、事件のきっかけとなったイスラム預言者ムハンマドの風刺画を掲載した仏の週刊新聞『シャルリー・エブド』が風刺画を再び掲載したところ、テロが拡大し、先の見えない憎悪の連鎖が生み出されるとの批判も出ている。

テロはフランスのイスラム系移民の置かれている環境への抵抗ということもできる。差別による貧困は想像をはるかに超えたものだからである。もちろん、そうした現状にテロで対抗することは許されないが、一方、彼女が指摘したアイヒマンの完全無思想性とも同じような人間の存在が見えてくる。テロリストを擁護するつもりはないが、テロリストを育ててしまった環境が問題であることは誰にも分かるだろう。

時代と政治がつくり出した流れのままに、自らの意思や考えを持つ間もなく送り込まれているという現実が、期待に満ちたものであるならばまだしも、貧困と格差のなかに知らず知らずのうちに投げ込まれていたということに対し、まさにテロがあったのだろう。しかし、それならばそうした事件に対し、誰が善悪を語ることができるのだろうか。

ひるがえって、建築界は常に時代と対峙《たいじ》しているが、時代が生み出す現在の社会という複雑な総体にどのように向かいあって、都市や建築について発言しているのだろうか。日本の現在の状況は、あまりにも無批判性にさらされているのではないか。

われわれが実はアーレントの指摘する「完全無思想社会」の一員であることの自覚はどこにあるのか。自由で多様性に満ちた社会とは、各自が勝手気ままに生きる社会をいっているのではないはずだ。

長い歴史のなかで、キリスト教とイスラム教の葛藤、そして欧州各国の植民地政策のうえに築かれた今日があることを忘れては、何も語ることはできない。それが一様に解決策を出すことが不可能な、現代の欧州が抱える課題なのだろう。パリの大行進から日本人は何を読みとることができるのか。日本の、そして建築の現在が問われている。

人類の歴史を振り返る

2015年
4月1日

建築とは社会の現象に照らして立ち上がる。ときには建築が社会の変化をリードしていく場合もあるが、建築は常に社会と重ね合わさって歴史を刻んできた。それは未来も変わることはない。最近のさまざまな社会現象の無秩序、混乱ぶりには驚かされる。それぞれに専門的見地から因果関係、そして局所的対応には見解が示されているが、問題解決への道筋が示されているとはいいがたい。

とりわけ、東日本大震災後のコミュニティの崩壊、また最近多発する殺人事件や社会の混乱、無秩序ぶり、常軌を逸脱した行動には驚きを超えて、未来を展望することが難しくなるほどである。それらに対する処方箋《しょほうせん》は、教育環境の是正から社会秩序を司る制度設計、未来のビジョン、ひいては都市、建築のありようにまで迫る必要がある。

さて、人類の起源は500万年前のアフリカといわれているが、現代人の祖先といわれているクロマニヨン人（新人類）の登場は5万年前である。十数年前、筆者に大いなる刺激を与えてくれた『銃・病原菌・鉄』（ジャレド・ダイアモンド著、草思社）と題する書物がある。ダイアモンドの説では、今日まで人類はいくつかの大きな歴史的節目を経て、現代を勝ちとってきたという。

紀元前1万1000年の最終氷河期が終わった時点で世界の各大陸に分散して暮らしていた人類は、みな狩猟採集生活を送っていた。技術や政治的構造は紀元前1万1000年から紀元後1500年の間に、それぞれの大陸ごとに異なる過程を経て発展してきた。1500年の時点において技術や政治構造に決定的な不均衡をもたらした最大の要因は、当時の人々の置かれていた環境の差異、すなわち気候、地勢、土壌、人口密度などであるというのだ。

そして、環境を土台としながらも、征服者、あるいは移住者の侵入による三つの要因――銃・病原菌・鉄の存在が大きく影響してきたのだと指摘している。きわめて示唆的な提言である。

われわれは、そうした壮大な歴史を経て現代を生きているのである。銃や病原菌、そして鉄という媒体の役割は現代社会では小さくなってきたものの、いまだ乗り越えられてはいない。もちろん、状況は変化しつつあるが、不変的要因は残されている。われわれを取り巻く環境、すなわち自然としての環境や気候、地勢、そして人口などである。

いまや、その自然環境すらも現代文明の暴走により劣化し始めているが、それはテクノロジーを進化させてきた人類の英知の負の部分だろう。それは、まさしく現代社会において新たな問題を生み出してきた。

しかしながら、ダイアモンドのいう壮大な人類の歩みと歴史を見れば、いまわれわれがたどらなければならない道、そして未来へ向けてなすべき課題と、それに取り組むスタンスは明瞭である。すなわち、われわれは自らの独創性への過信を捨て、自らを取り巻く環境によって生かされているという事実を理解することから始めなければならない。

とりわけ、都市や建築にかかわる人びとには大きな意味があろう。

多様性を考える

2015年
5月15日

現実社会の多様性はますますその領域を広げつつある。グローバル社会の現実を見ればあきらかなように、世界は拡散と無秩序、すなわち個の発言や行動が暴走しているともいえる。

インターネットが新しく個の解放を促進したからでもあるが、そうした解放が実は多くの平準化を引き起こしていることにも注目する必要がある。

ネット上で起きているさまざまな現象は明確な根拠を持たずとも、情報の、情報による、情報が上塗りされて、その過程においてもさまざまなシミュレーション（解釈）が可能となり、予想を超えた結論に到達する場合が少なくない。現実に立脚した人間のアナログ思考の及ばない道筋を通ることで、リアルな経験則から導かれた予想とは異なる世界が見えてくるからである。

人間の思考や行動、そして進化は、脳という機能の学習性にすべて依存している。すなわち抽象（虚構）的な構築力の進化である。

さて、昆虫の世界を見てみると、昆虫の力というか、不思議さから学ぶことが多い。人は進化の過程において、その外形はほとんど変わることなく、現代につながり、飛び抜けて高い脳の学習能力により進化してきた。

一方の昆虫は、ＤＮＡに組み込まれた本能に依存し、学習的進化はほとんどない。その進化の多くは環境による変化である。その昆虫に注目すべき最大の理由は、環境の変化をとり入れる「自らの構造的変化による多様性の取得」にある。

現在のように、地球が人や人のつくった工作物や構造物で覆われるようになったのは、ここ数百年から1000年くらいの話である。それは生物の歴史から見れば、ほんのわずかな期間に過ぎない。他方、昆虫は地球上の全生物の半数を占めるといわれるほどであり、また古い歴史を持っている。

その昆虫の注目すべき点は、多様性のあり方の違いである。昆虫には二つの能力がある。一つは「変態」、もう一つが「飛翔」である。どちらも人にはない際立った能力である。変態や飛翔のない昆虫もなかにはごく少数いるが、多くの昆虫は成長の過程で変態を遂げ、成虫になって飛翔する能力を身につける。

そのように、昆虫は幼虫期と成虫期とでその生活領域を大きく変え、その結果、多様な環境に適応し、進化してきたのである。すなわち、異なる自然環境に対する昆虫自身の多様性が生まれたのである。

チョウなどはその典型である。卵が植物の葉に産みつけられてから、幼虫へと変化し、変態してサナギとなり、脱皮(羽化)してチョウとなって飛翔するわけだが、それらすべての過程が異なる生活領域で行われている。とりわけ、飛翔の段階は交尾を前提としていて、その飛翔距離は驚くほど大きなものである。きわめて大きく異なる環境に対する適応を自ら獲得する方法を編み出しているということなのだ。

脳の進化がもたらす現実世界の多様性が、実は人間の身体性を置き去りにして成り立っている現実、そして、その現実世界が混乱と無秩序を繰り返し、進化と同時にきわめて無為な平準化に陥っているということを再考すべきときを迎えていると思う。

観察する力

2015年
10月28日

時代が成熟社会へと変わりつつある状況において、私たちの価値観も近代社会が盲信していた世界から、それとは異なる方向を次第に求め出している実感を持ち始めている。

世界の政治、経済の不協和音ばかりではなく、自然に対する畏怖のなさなど、多くは近代社会が残した足跡である。その踏み荒らした足跡から私たちは何を学びとれるのか、現在がその岐路にあることは間違いない。

科学的方法を否定するわけにはいかないが、その科学という分野が仮説とその検証によって成り立っているのだとすれば、過去の歴史を振り返るまでもなく、仮説は常に否定と更新のなかにあったことが分かる。

1823年生まれのアンリ・ファーブルの『昆虫記』に触れて、彼の足跡と自然観に感銘を受けた。尋常ではない彼の経歴に触れる紙幅はないが、独学で科学的勉強をしたうえで、博物学の世界にのめり込むことになる。またラテン語の叙事詩を読むなど、その多才ぶりも『昆虫記』のなかで遺憾なく発揮されている。

彼の文章が単に科学的生物論ではない、言葉を紡《つむ》ぐ詩的な美しさを持ったものになっているのは、そうした知的背景によるのだが、何よりもファーブルの特筆すべき資質は、生きたままの生物への観察を通して、謎を解明するという姿勢である。標本などの形式や外形、内容などからの後づけではなく、目の前で生起する現象にこそ生命の営みがあるという信念によるものだ。

晩年は音楽にも強い関心を抱き、自宅のオルガンで多くの作詞、作曲を楽しんでいたようだ。

そして１９１５年の10月11日、南仏のセリニャンの自宅「アルマス」で91歳の生涯を終えた。名著『昆虫記』の第11巻の執筆は中断されたままであった。

ファーブルをとり上げたのは、現代人が忘れてしまった「自然と親しみ、観察すること」の大切さを再確認することの重要性を思うからである。

そうした彼の姿勢は、建築にとっても重要である。とりわけ、建築はあらゆる分野が集約される総合的分野である。その意味でも、ファーブルが生涯貫いた、生身の観察者が生きた現象そのものの観察を通して、その仕組みを解明しようとする姿勢は、建築に携わる者の心に響くものではないだろうか。

いま、建築界がさまざまな点で危機に瀕しているといわれているが、それは対象に向けた観察者の目の不在ともいえる。あまりにも過剰な人工的都市や人工物で固められた建築にとらわれすぎて、自然の持つ意味の多くをないがしろにし、その偉大さに対する謙虚な気持ちを失ってきたためだろう。

なぜいまファーブルなのかというと、２０１５年が没後１００年であり、さらに10月が没した月であることを思い出してのことである。

しかし、ファーブルについては多くの読者にも思い出があるだろう。ファーブルが自然へ注いだ眼差しに込められた多くの知識や経験、そして何よりもその観察眼に思いを馳《は》せながら、自然への関心を深めるためにも、秋の夜長、虫の声に心を和ませるのもいい。

勝負の終わり

2015年
12月21日

駒をとりあっていき、とった駒は再び使うことはできない。ついには駒が少なくなって勝負がつくというチェス・ゲームでは、エンド・ゲームと呼ばれる終盤戦に緊迫感が増すのだが、そこから想を得たサミュエル・ベケットの戯曲『勝負の終わり』(安堂信也、高橋康也訳『勝負の終わり/クラップの最後のテープ』白水社刊所収)は、ヤン・コットが分析した『リア王』の終末論にも比肩《ひけん》する舞台である。そして、その終末論は文明の破綻《はたん》をも隠喩《いんゆ》している。

例えば、資本主義経済における金利問題にその傾向を読みとることができる。国家の破綻もその金利の状態によって勝負の終わりを示すことになるからである。常にこの世では始まりと終わりがあるということなのだ。

始まりを確実に見ることはほとんど不可能であるが、終わりを見とどけることはそれほど難しくない。生物の死から企業の破綻、自然災害によるモノの崩壊に至るまで、われわれの世界はエントロピーの増大とともに、破局という終焉《しゅうえん》に向かいつつあることは明らかにされている。

エコノミストの水野和夫氏は、資本主義の成立においては金利、すなわち利率がもっとも重要であるとして、宗教改革によって中世の概念が打破された16世紀が資本主義の成立時期だと指摘しているが、その始まりは明確ではない。高利貸しの暗躍がいつから始まったかは交換経済以前からとも考えられるからである。

しかしながら、現在の資本主義は食料危機や経済格差、難民問題、グローバル社会とネット社会、宗教対立とテロ、またエネルギー問題や地球温暖化など、多くの矛盾を抱えている。

水野氏によれば、先進国のすべてが異常な低金利になり、もはや資本主義を成り立たせている価値の交換によって生み出される金利という利益が極小化してきているとされる。それはあきらかに資本主義が終焉に向かい始めていることにほかならない。

利率が限りなくゼロに近づけば、さまざまな価値を移動させる意味はなくなり、経済的には純投資する意味もなくなるわけだ。そうした状況を回避するため、資本主義社会の構造的変化を模索するのか、さらには資本主義そのものに代わる体制を見いだしていくべきなのか。

しかし、現在その終わりを予見する者もいなければ、その予兆すら存在していない。終わりへの方向だけがわれわれの現前にあるだけなのか。

先に述べたように、終わりへの方向は確認できても、その始まりがいつ、どこであるかは誰にも分からない。この矛盾に満ちた資本主義の末路と新たな展開はどこから始まるのか。歴史はとどまることも、切れてなくなることもない。

悲観する必要もないが、われわれの建築産業はまさに価値の移動を促進させ、常に新たな世界をつくりあげていることを考えると、この資本主義の終末論はいかなることに連動するのか。

むしろ、価値の創出論から見ると、都市や建築に再投資する意味はあきらかだ。都市や建築こそが、社会活動の新たな再生の契機となり、新たな価値を生み出すことになるからである。

中心性と周縁性について

2016年
2月5日

なぜか今世紀に入って、フランスの思想家、批評家、あるいは記号学者などの多彩な才能と活動の幅をもつロラン・バルトの著作が再び注目を浴びだしている。よみがえりつつあるといってもよいだろうが、次々とバルトの著作が出版され始めている。

日本でも『零度のエクリチュール』（1953年に原著出版、以下同）『現代社会の神話』（57年）『モードの体系』（67年）など記憶に残る著書がある。

バルト論を本稿でとり上げるつもりはないが、その知の関心の幅広さと懐の深さには驚くほかない。言語、映像、音楽、記号、風景、演劇、快楽、神話、あるいはモードなど現代社会の内在化した世界を鋭敏に写しとっている。

とりわけ、日本では『記号の国』（70年）のなかで、東京について独自の世界観を提示して注目を集めた。大都市東京の中心部に皇居という場所が一種の空虚として存在しているという構造を指摘して、その空虚に沿って想像力が広がると読み解いた。そのような解釈をしなやかな言葉によって示した想像力の大きさに驚きを隠せなかった。

そこで筆者が注目したことは、バルトの都市を読み解く感性の独自性である。空虚な中心には何もないが、その周縁にこそ想像力を掻き立てる多くのものがあるという指摘である。何と豊かな想像力なのだろうか。まるで現代社会のいまを見抜いているようではないか。

一方、こうした中心性と周縁性についての指摘に関連して思い出さざるを得ないのは、美術史家のハンス・ゼードルマイヤーの『中心の喪失』（61年）である。彼は頂点に神を抱く前近代的な宗教的世界観が機能不全に陥ったとして近代社会の問題をあぶり出した。

そうした近代の状況を「中心の喪失」と呼び、現代社会の病だとも評して、新しい芸術、例えば、マルセル・デュシャンなどの前衛的作品に着目し、何気ない日常のモノや風景の一コマを一つの作品として表現するという、まさにバルトのいう周縁の日常に注目したのである。すなわち単に前近代の神の喪失ばかりではなく、まさに個々の芸術に共通のテーマからの離別を図った「離反の構図」を示したものだったのである。

そして、現代社会もその中心の喪失により、さまざまな事件が多発、拡散している。しかし、共通のテーマを失い、それこそ社会全体が「離反の構図」をとっているにもかかわらず、平穏無事な予定調和の世界にとどまろうとする。周縁部といいながらも想像力のかけらもない。類型的な横一列に並ぶ、差異を認めない社会に生きようとする。

いま、現代社会の危機が訪れているとすれば、それは中心の喪失なのか。それとも身近な日常性のなかに見いだされるべき豊かな想像力の欠如なのか。この問いかけはほとんど意味がないだろう。なぜならば、現代社会の多様性はそうした疑問への回答の選択肢をも飲み込み始めているからである。

現代社会が中心もなければ、周縁部も定かでないとき、われわれは、そして都市はどこに向かおうとしているのだろうか。建築界の状況もそうした事態とシンクロしていることを理解する必要がある。

政治と経済が変える社会と建築

2016年
4月11日

戦後70年を経て、日本が大きく変わり始めたことで特に気づかされることがある。それは、政治的要素が日常の平凡な生活の場面にも浸透し始めたことだ。

国内では経済が政治に主導され、好景気が導かれるという期待をつくり出しているからであろう。それはアベノミクスという言葉の浸透度にも表れている。外交面でも、中国や韓国はいうまでもないが、北朝鮮の動向にもとりわけ敏感に反応せざるを得ない状況にあるばかりでなく、EU(欧州連合)やシリア情勢など、海外の政治問題にも関心が高まりつつある。

それは、日本もグローバリズムのなかでインターネットなどを通して、金融、ヒト、モノ、そして情報が世界中を等価に駆けめぐり、共有する環境に生きるようになったからである。当然、世界の国家的戦略を前提に日本も生きざるを得ない場面も多くなる。

これまでも地政学的意味の重要性について指摘したが、地政学的文脈は日常の生活圏にも浸透し始めている。産業構造の変化、M&A(企業の合併・買収)、インバウンド(外国人の訪日旅行)など、どれをとっても中国など他国の動向に左右される場面が増え、過去とは大きく異なる状況にある。外国人との交流も日常的になり、生活習慣や文化的差異に対しても相互理解がなされるようになってきた。

そうした変化はあきらかに社会的変容につながっている。その受け皿となるハードとしての都市や建築がどのように変わり、許容力をもって受け入れ、新たな姿を示していくかはきわめて重要である。

もちろん、都市や建築のあり方が社会の変容に従うことはいうまでもないが、注目すべきはその変容のあり方が一様ではなくなり始めていることだ。激しくなってきたといってもよいが、先に述べたように、グローバル化やインターネットなどが政治や経済の動きを加速し、そこに社会がきわめて即時的に反応し、社会の様相を刻々と変えているのだ。

例えば、「開かれた建築」「場所の開放」「共有空間の創出」「シェアする空間」「みんなのいえ」「フリーマーケット」「コーポラティブ」「共同利用」「再利用」「コンバージョン」など、枚挙にいとまがないが、こうした概念は過去の建築からは出てこなかった。

しかも、そうした概念のコンテンツも少しずつ変化し、地域や場所の特性によっては、その解釈の幅は多様に広がる。すなわち、こうした社会の変容も政治や経済にフィードバックを与え、さらには、地域や場所の持つ文脈に大きく左右されるということである。地政学とはそのような意味である。

いま、われわれの存在、そして生きている場所は、まさにこうした時空間のなかでうごめいているのである。そのうごめき方自体は、幸か不幸か誰にも明確には分からないが、うごめき方に定まった目的や方向がないことをまず理解しておく必要がある。社会の変容の本質は、同時代からは見えないからである。それゆえ、一時の変容の姿に引きずられて不幸を招くこともあり得る。

しかしながら、社会は立ち止まることはない。「建築は社会の変容に従う」というテーゼを回避することはできないのだ。

偽りはどこにでもある

2016年
5月2日

現代社会は、さまざまな矛盾や困難さを抱えこまなければならない宿命を負っていることによって、ますます複雑になっている。熊本県で起こった大地震はいまだ終息することなく、長期化するおそれがある。前例がなく、予測し得なかった事態ではあるが、自然災害に対処すべき科学的英知や判断が及ばなかったために悲劇が繰り返されている。

世界に目を向ければ、シリア内戦はＩＳＩＬ（イスラム国）の台頭、難民問題など、21世紀最大の人道問題につながり、その複雑さを解く鍵をもはや誰もが失っている状態である。

さらに、ネット社会ではその魅力的な利便性と裏腹に、サイバー攻撃の標的になるリスクも高まる。悪意による遠隔操作やデータ偽造など枚挙にいとまがない。また、最近では東洋ゴム工業の免震ゴム偽装、東芝の粉飾決算問題や三菱自動車の燃費効率の偽装など、企業の偽装工作が相次ぐ。どれもが偽りの隠蔽《いんぺい》工作が露見して破綻《はたん》を招いている。

さて、ここにあげた事件はすべて、いうなれば「偽装の構図」のなかにある。地震や難民問題は一見偽装とはかけ離れた問題だが、はたしてそうだろうか。地震被害の拡大は、不適切な地盤のうえで進められた開発や建築設計の是非など、さまざまな疑惑がある。シリア内戦も、入り乱れてかかわる多くの組織それぞれの目標に沿えば正義が悪となり、また悪も正義となる。その内実にさまざまな「偽装の構図」がまかり通ることになる。

こうした「偽装の構図」はなぜ生まれるのか。それは人間個人の倫理が組織に組み込まれると、組織の目的によって、その倫理があきらかに通用しなくなるからである。

組織は全体としても部門としても、また組織を構成する個人もそれぞれに目的を持っている。したがって、組織運営にあたってすべての目的が一致することはほとんど不可能である。目的を一致させるには、部門ごとの相違、矛盾、齟齬《そご》を乗り越える必要がある。組織の構成員の目標、目的の解釈は、往々にして組織全体が掲げた目標、目的とは異なるからである。

そこに「偽りの構図」が生まれる。そして、組織が複雑になればなるほどに「偽りの構図」が強化される。

複雑な組織を一人の価値観、倫理観で一貫してとらえることはできない。組織とはそうした存在なのである。だから、表題のように組織のなかに「偽りはどこにでもある」ことになるのであるが、この流れを断ち切るにはどうしたらよいのだろうか。

容易ではないことだが、部門ごとの目的、目標を成し遂げるプロセスをそれぞれに確認することしかない。ときには目的や目標が数千、数万にも及ぶこともあるだろう。その膨大な数の関係を読み解き、一貫性のあるチェック・システムを構築するしかないのだが、はたして、それは可能なことなのだろうか。

しかしながら、「偽りの構図」が個人の過ちや倫理観の欠如の表れだとする判断は正しくないだろう。それは複雑な現代社会の組織がなせる「内なる歪み」なのである。この歪みこそ、複雑さに組み込まれた地層（組織）の活断層なのではないだろうか。尽きない偽りの連鎖である。

川に何を学ぶか

2016年6月13日

パリにいる友人から大変なことになったというメールが入った。セーヌ川、オアーズ川が氾濫《はんらん》してパリが水没しそうだというのである。護岸整備が進んでいるセーヌ川の堤防が決壊することなど考えが及ばなかった。

しかしながら、ヨーロッパでは少なからぬ河川の氾濫が絶え間なく続いている。歴史的に見てもドイツやフランス、イタリアなどの都市の多くが洪水で大きな災害を受け続けてきた。さまざまな書物にも過去の爪痕が記録されている。

今回の水害だが、2016年5月末から1週間ほどの豪雨でセーヌ川の水位が5メートルも上がるという予報が出るなど大混乱し、セーヌ川に隣接したルーブル美術館、オルセー美術館、ホテル、店舗のあるアーケードなどでは貴重品の移動にてんてこ舞いだったという。

また、ドイツ南部では大規模な洪水が起こり、市街地が破壊されている。交通網も寸断され、公共機関の閉鎖や物流の停止など、混乱を極めており、死者も相当多数出たという。

日本でも2015年の鬼怒川の堤防の決壊による洪水をはじめ、水害に見舞われることが多い。特に日本の場合は地形的に急流が多いことなど、特異性が顕著である。地震、台風、津波などもあって複雑な水害の構造を持っている。しかしながら、水害は多降雨地帯(モンスーン気候地帯)のアジアはいうに及ばず、世界各地で頻発し続けている。

人類は水の恩恵によって生命をつないできたことはいうまでもないが、古代文明はすべて豊かな河川の存在とともにあったことを忘れるわけにはいかない。河川の水を獲得するために何度となく闘争が繰り返されてきた。

しかし、その一方で河川の流れを制御することもまた人類の死活問題であった。治水事業には国づくりの要として、世界各地で人類の多くの英知とエネルギーが注がれてきた。

文明が進歩するにつれ、やがて人類は河川の存在をただ「時代が求める利点」の観点からのみ関心を抱き始め、本来の河川と人類との根幹的つながりを忘れた結果、しっぺ返しがさまざまな災害となって現れているのである。これほどに文明の進化がいわれても、いまだ災害の悲劇は後を絶たない。

河川は人類の母なる存在である。人類は河川とともに生きるしかないのである。そのために河川とどう付きあっていくのか、より深い英知のやりとりをしなければならない。ただ埋めてしまうことでもなければ、過剰に保護することでもない。人類に都合のいい利点を取り上げるだけでは意味がない。母の優しさと怖さを受け入れる家族のような関係をつくりあげることが不可欠であろう。

河川との共生関係は都市化が進むほどに見えにくく希薄になる。河川はときには暴れることもあるが、人類はその優しさや美しさに抱かれて、きわめて豊かな共存関係をつくりだしている。それは自然の持つ意味、すなわち脅威、恐怖に向きあいながら、河川の母なる存在性を理解しているからである。

大都市に住む人々が抱く傲慢《ごうまん》と独りよがりの河川への思いを断ち切って、自然との共存の意義を再考することが必要ではないだろうか。

憲法改正と建築家

2016年
7月4日

最近の日本の政治は何を目指しているのか。参議院議員選挙戦もたけなわだが、憲法改正論議はなりを潜めている。選挙への影響を慮《おもんぱか》っているのであろう。

しかしながら、すでに安倍政権は憲法解釈により安全保障関連法案を成立させ、いわゆる海外派兵を可能にする体制を整え、いよいよ本丸である憲法改正を目指しつつある。憲法9条の「戦争放棄」はいまや現実的ではないという指摘が根底にあることは間違いないだろう。

日本は極東という地域に存在するが、地政学的条件に恵まれているのか、そうではないのか。いずれにせよ、日本国憲法が今日の日本の姿を形づくってきたことはあきらかである。憲法は国のあり方や方針を定める背骨（理念）であるからだ。

ただし、その憲法は戦後の占領下において、いわば強制的に与えられた憲法である。結果的に日本は戦後70年間戦争を体験することなく、しかも、米国との安全保障の枠組みのなか、さまざまな制約を受け入れながらも、平和と経済的発展を享受してきたことに異論の余地はない。

とはいえ、グローバル社会の一員として生きる課題を負っている日本は、昨今の世界情勢のもと、さまざまな紛争と無縁でいることなど許されないという現実を突きつけられていることもまた事実である。

改憲への流れは、この二つの事実、すなわち米国によって強いられた憲法であることと、世界の紛争はわが身の問題であるという認識によってつくられたものだろう。もはや時代認識は大きく変わったのである。

いうまでもなく、改憲の是非はここ70年という時間的経過のなかで起きた状況の変化を抜きにして考えることはできない。この間の激動は容易ならざるものであった。日本は四方を海に囲まれた島国で、外国の脅威に直接触れることが少なかったが、その代わりに心の底では常に外圧を感じ、怯《おび》え、心の拠《よ》りどころを探し続けてきた。

記録に残る事象だけも卑弥呼の時代から仏教伝来、江戸末期の開国、明治の富国強兵、そして政治や経済はむろんのこと、都市文化に至るまで、価値観の軋轢《あつれき》を、島国が育んできた「文化的感性」を軸に、あたかも自然体で受け入れ、自らの文化や形に変容させてきたのである。いわば日本の主体を外圧という軋轢によって初めて発見するという、主体なき主体の存在が日本の特色なのではなかろうか。

それゆえ、日本国憲法が外国の圧力によって成されたものだとしても、すでに70年という時間的経過により、その精神はまさに日本の体質に変換され、変えがたい精神文化のバックボーンになってきているのである。

一方のグローバル社会という変化に対する「日本的」変換能力は、まだ必ずしも見えていない。しかしながら、グローバル化という大きな外圧を受けて、日本がその形を変える用意が次第に整いつつあるように思えてならない。

そのとき、日本は世界と共存しながら、独自の文化、アイデンティティの集約として都市文化を示す必要があるだろう。そこに政治と都市＝建築(家)の新しい姿がある。都市は政治の反映なのである。

場所を喪失した現代社会

2016年
8月31日

最近の世界の無秩序ぶりには憤りを超えて困惑し、どこにも届かない自らの行動や意見が空しく思えてくる。世界各地で頻発するテロ、難民問題、格差や貧困、政治・経済の分野まで無秩序は拡散の一途をたどるばかりである。

国民投票によりＥＵ（欧州連合）離脱を決定した英国の無策ぶり、米国の大統領選挙でのトランプとクリントン両氏の不毛な論争、日本においては派閥抗争による政治の堕落、世界からガラパゴス的といわれる国内でしか通用しない論理、また、むごたらしい犯罪の横行……。いまや現代社会では誰もが居場所を失い、路頭に迷っている。流浪の世界さながら社会そのものが漂い始めているのだ。

一方、デジタル・ネットの世界では、一つの網の目で世界が結ばれ、どこにいても情報はくまなくつながる。現在のわれわれは過去の世界とはまったく次元の異なる世界を生きることになったということなのか、その現実が日増しに色濃く自らの身体的感覚や理性までも蝕《むしば》み始めている。

ネット社会の無秩序が資本主義の暴走を招く

さて、世界の現実がなぜこのようになり始めたのか。近代資本主義が出現して以来、次第に国家の枠を超えて資本が流れ、世界をも飲み込み始めたのであるが、資本主義は同時に、市民革命を経て民主主義の誕生と進化に大きな影響を及ぼしてきた。

民主主義自体は哲学が盛んだった古代ギリシャ時代に始まったとよくいわれるが、その理念が普遍性を持ち始めたのは、資本によって多くの権力構造に変化が起こり始めた近代資本主義の形が整ってからである。

マックス・ヴェーバーの『プロテスタンティズムの倫理と資本主義の精神』にもあるとおり、プロテスタンティズムは、秩序だった合理的精神の成立に深くかかわり、同時に近代資本主義の発展に寄与し、経済倫理の変化につながってきたともいわれている。その意味では、プロテスタンティズムは民主主義を発展させ、合理的経済活動とも連動させてきたともいえる。

しかしながら、われわれの予想を超える現代世界が出現した。すなわち、グローバル社会という状況である。極論すれば、コンピューターが生みだしたネット社会が冒頭に述べた無秩序が跋《ばっ》扈《こ》する社会や資本主義の暴走ともいえる経済至上主義の到来を招くことに至ったのである。

さらに、そうした世界ではSNS（ソーシャル・ネットワーキング・サービス）などに代表される情報ツールの個人利用が加速し、相互の関係に配慮することなく、個人の感情の赴くまま情報だけが場所や身体を離れて発信され、暴走することになってきたのである。個人が生きて存在する場所の持つ環境や特性を離れて、自らの感情に合致したメッセージだけを受け取ったり、瞬時に共感できるという結果が今日のネット社会の現実を生み出している。

心が伝わらない対話と危うい「意見」が支配

英国のEU（欧州連合）離脱を生み出した国民投票も、先の東京都知事選挙も、また米国の大統領選挙も、その多くは同相である。インターネットやSNSがそうした結果をもたらしているといっても過言ではないだろう。それは、いうなれば心が伝わらない対話である。場所や空間を共有しないまま情報だけがつながり、共振して振幅が急速に増幅するという危うい「意見」の連鎖が世界を支配し始めたということなのである。

口幅ったいいい方になってしまうが、人間が生きていくとき、場所に根ざしていること、すなわち戻るべき場所があるということを忘れては社会のありようを考えられないはずだが、ネット社会にはそれがないのだ。

仏教に「往還《おうげん》」という言葉がある。人間はどのように行動し、飛び跳ねても、いつかは戻るべきところに戻るという考えである。そうした場所や空間があるからこそ、人間は世界のあらゆるところにまで行動範囲を拡大することができるのである。

社会からの批判など多様な意見が豊かさを生む

それは国家のレベルの問題でも同じであろう。ある一つの場所に集えるからこそ、仲間の存在を感じとれる社会が存在すると実感できるのである。そのような限定された相互の関係のなかで、視覚的に確認可能な範囲で生きた会話が交わされることになる。お互いの感情や生き方、さまざまな人間関係のなか、ときには遠慮や妥協、あるいは忍耐もありながら、ある種の秩序や規範の了解が成立し、社会は成り立つのである。

例えば、国家の首脳が集う国際会議ですら、最終的な重要決定は一堂に会した場所でのフェース・ツー・フェースでのやりとりでなければ結論が出せない場合が少なくない。各国の微妙な考えの相違や相互のやりとりのなか、時々に応じて変化する状況が結論のあり方に影響を及ぼすからである。

そうしたリアルな場面を介さないＳＮＳなどの情報だけのつながりが、今日の悲劇を生み出していることはある意味で明白である。しかしながら、もはやそれを回避することはほとんどできない。このような不可逆的な社会の変化は、ネットの世界だけで起こっているわけではないが、そうした勢いのある流れに対し、新たな潮流を絡ませることに救いを見いだすことはできるだろう。社会からの批判など多様な意見、あるいは異なる立場からの指摘によって、修正ばかりか、さらなる豊かさを盛り込むことは十分に可能だからである。

都市や建築は現代社会の「歪み」を制御する空間装置

しかしながら、こうした無秩序が拡散する社会のなかでこそ、都市や建築に与えられた唯一無二の役割がクローズアップされる。都市や建築が場所を生みだすことで、人々のフェース・ツー・フェースのコミュニケーションを成立させる基盤となるからである。

東日本大震災のあと、「みんなの家」が話題になったのも、そうした場所を生みだしたからだ。居場所を失った人々の不安を取り除き、安心できる心の拠《よ》りどころとなる建築のあり方を示したことは、すでに多く語られているとおり、都市や建築の大きな役割を示したことにほかならない。

しかし、「現代社会の歪《ゆが》みを制御する空間装置」として都市や建築の果たす役割にますます期待は高まっているはずだが、はたして現代の都市や建築がそうした期待に正面から応えているだろうか。そして、現代社会が喪失しつつある秩序や人間の存在に対し、本来の姿の回復を促すために、都市や建築の世界が奮起することが、いかに大きな意味を持つことになるのかを理解しているだろうか。

いま、建築界に問われていることは、そうした自覚を持って現代の都市や建築が置かれているそれぞれの場面にふさわしいテーマを見いだし、現代社会の要請に応える都市や建築の姿である。それはまさに、現代の都市や建築に課された喫緊《きっきん》の課題なのである。

二つの対比

2016年
10月7日

人間は、常に二つの対立軸をもって思考や行動の判断を始める。そうした思考の事例に二人の研究をとりあげてみたい。人類の進化において食糧問題がいかにかかわり、未来につなげているかを物語っている点に注目したい。そこに注目することが、なぜ都市や建築にかかわるのかはそれぞれが考えてほしい。

まず米国・コロンビア大学の生態・進化・環境生物学部の教授であるルース・ドフリースの『食糧と人類――飢餓を克服した大増産の文明史（The Big Ratchet）』（日本経済新聞出版社）である。人間の進化と食糧調達の進歩の関係を大局的かつ冷静にまとめているが、楽天的であることに驚かされる。人類の食糧確保のための弛《たゆ》みない苦難の歴史と自然の営みの多様性、循環の壮大なシステムなど、地球環境の恵みの大きさに感謝しつつ、人間の英知という「逆回転を防ぐ歯止め装置＝ラチェット」を備えた優れた進化のシステムへの希望である。

本書の冒頭ではブラジルでの二つの光景が紹介される。一つは広大な森林をブルドーザーで切り開いた世界最大の食糧生産地、もう一方は消滅しかけている熱帯雨林に暮らす原住民カヤポ族の生活である。

一方は、化石燃料を大量に消費する機械で大規模伐採を行い、家畜を養うための大豆を栽培している。それに対し、火と人力しかエネルギー源を持たない生活。一見、カヤポ族の生活に心を奪われるが、優劣の問題ではないことを前提に今日の人類の存在意義を前向きにとらえようとする。

マルサスの「人口論」に見られる「食糧生産の限界」説、ローマ・クラブの「成長の限界」など、自然破壊と食糧危機について悲観的論調が多いことは本書でも指摘されている。筆者も地球は自然破壊とともに終焉《しゅうえん》を迎えるという言説を信じてきた一人であった。しかしながら、ドフリースは自らの幅広い研究をもって、人類の英知や学習する力に大いなる期待を寄せている。その姿勢には覚醒させられる思いである。

　さらに、ドフリースの主張を米国の進化生物学者ジャレド・ダイアモンドの『銃・病原菌・鉄』（254ページ参照）に重ね合わせると、人類の歴史とその進化についての理解が一層深まる。彼も研究のきっかけはパプア・ニューギニアでの原住民との出会いだった。

　紀元前1万1000年、最終氷期の後、アフリカから世界各地に散らばっていった同じ人類でありながら、パプア・ニューギニアでの原始的生活と、自らが暮らす高度な文明との差異がなぜこれほどまで広がったのかという疑問から出発している。そして、文明の進化は人口増に後押しされるが、その人口増を成し得る原点こそが食糧の増産であるとし、その技術的進化とさまざまな社会的制度の確立には深い関係があるという論点は共通している。

　しかしながら、ドフリースの人類の英知に対する信頼と許容力の大きさにはより興味を持つ。われわれの身の回りではしばしば危機が発生するが、一方で「危機への過剰反応」もよく見られる。しかし、それを制御するのもまた人類の英知である。その意味でも、ラチェット機能と楽天主義には多くの示唆を見いだすことができるだろう。

小さなモノと微細なモノ

2017年
1月6日

建築の世界では出来上がったものに対するイメージとして、常にではないが、「大きなモノ」という感覚がある。大都市にそびえる超高層ビルであったり、団地などの集合住宅、スーパーマーケットであったり、「建築＝大きな存在」である。

一方、日常生活では室内の限られた空間での行動が多くを占めている。日常の生活道具はパソコンのキーボードやペンなどの筆記具、コーヒー・カップ、手帳などの身の回りのモノが大半だ。さらに、それらのデザインやディテールをつぶさに見ると、きわめて細かな構成要素によって組み立てられているのが分かる。

印刷物やディスプレー上の文字や記号はまたさらに細かくなり、それらをさらに突き詰めていくと、物質を構成している原子にまでたどり着く。日常の世界では、そこまでの世界を目にすることはないが、われわれの世界では、大きな存在を生み出しているのはまさに微細なモノの存在であるということなのだ。

例えば、織物の切れ地を見てみよう。糸の繊維特性と染色の組み合わせは、それこそ繊細きわまりない。微妙で多様な質感は繊維の質に始まり、糸や織り、染色などによって生み出される。それは微細な世界から生み出されるさまざまな要素があってこそ到達しうる世界なのである。

1枚の切れ地がそうであるように、われわれの身の回りにあるものすべてが、そうした微細な要素の組み合わせや選択によって成り立っている。

建築とは、それらのすべてのフェーズをもって成り立っているのであるが、出来上がった大きなモノとしての存在のほうに関心と興味が集まることになるのはいたしかたあるまい。しかしながら、現実は微細なモノが全体のありようを大きく決定づけていることを忘れるわけにはいかないだろう。

近代世界が成長してきたのは、世界へ拡大することへのベクトルが大きな意味を持ってきたからだが、いまやそうしたベクトルに対し、まさに逆方向のベクトルも大切だという感覚が社会に芽生え始めているように感じるのは筆者だけではあるまい。

現代人の感覚が成長や大きさに向かうことに偏りすぎてきたからではないか。そうした偏った思考からの脱却がいま問われ始めているのである。いうなれば、脱近代を志向する一つの原点である。自然界の微細な変化や変動、リズムなど、日ごろ見落としてきたところにいかに焦点を当てることができるか。

その結果、大きなモノの存在に対するわれわれの志向が揺らぎ始めるかもしれない。われわれの志向は、大きなモノを大きな視点で見ることに慣れ親しみすぎ、日常との対話を喪失したことに改めて気づくのではないか。

小さなモノと微細なモノへの関心こそが、現在失われつつある「生身の人間との対話」の重要性を省みるチャンスだと考えたい。それが脱近代の一つの方法だと思えるからである。

グローバル帝国

2017年
2月17日

移民によって成り立ち、多民族国家を標榜《ひょうぼう》してきた米国に誕生したトランプ大統領が、国家主義、一国中心主義、保護主義を国のテーゼとして主導し始めていることに世界は驚いている。一方、ローマ帝国以来のヨーロッパの夢を実現したＥＵ（欧州連合）も、英国の離脱という事態に一層の陰りが見え始めている。

最近話題のイスラエル人歴史学者ユヴァル・ノア・ハラリによる大著『サピエンス全史』（河出書房新社）を読んだ。膨大な歴史的検証と壮大な構想力に圧倒されつつ、現代社会の未来について多くを考えさせられた。

ジャレド・ダイアモンドの『銃・病原菌・鉄』（２５４ページ参照）に匹敵する内容であるが、現代から未来へ向かう世界の姿についてより紙幅が割かれている。１３５億年前の物質とエネルギーの出現、そして45億年前の惑星地球誕生、さらに、この惑星上の知的生物の進化の未来について語りかける。

それは人類、すなわちホモ・サピエンスの未来の姿である。気の遠くなるような長い時間を経て人間の想像力、いいかえれば虚構の世界こそが歴史を生み出し、つくり変えてきたという。そして、その虚構のなかで人類が発明した究極の制度が貨幣であるとし、結果として世界の秩序が保たれると同時に、知的世界の獲得へと進化したと指摘している。

しかしながら、それによって数々の戦争をはじめ、さまざまな障害や混乱が引き起こされてきたのもまた事実である。それは現在もとどまる気配はない。著者は問いかける、この先に何を見るのかと。グローバル社会、著者はそれをグローバル帝国といっている。

その「帝国」という用語の意味するところは政治秩序の形式で、「それぞれが異なる文化的アイデンティティと独自の領土を持った、いくつもの別個の民族を支配している」と「変更可能な境界と潜在的に無尽の欲を特徴とする。帝国は、自らの基本的な構造もアイデンティティも変えることなく、次から次へと異国民や異国領を呑み込んで消化できる」。すなわち、帝国は由来や統治形態、領土の広さ、人口などではなく、文化的多様性と変更可能な国境によって定義されるのである。

その意味では、人類のほとんどは歴史的に見れば、帝国のなかで暮らしてきたといえる。そして、グローバル帝国は人類の行くべき未来に直結している。国という制度や利害の違いを乗り越えていく姿こそ、人類の未来を暗示しているからである。

著者は、こうして国家主義、一国中心主義はやがて衰えていくだろうと指摘する。グローバル帝国は着実に前に進もうとしている。もはや後戻りをすることなど誰も信じることはできないだろう。

しかしながら、現在の単なる「グローバル社会」においては、ホモ・サピエンスの頭脳が生み出した貨幣経済はとどまることを知らない。グローバル帝国は、貨幣経済の齟齬《そご》を取り除くことになるというのか。ホモ・サピエンスの知的能力を凌駕《りょうが》する超ホモ・サピエンスの出現によって、新たな世界を生み出せるのか。

その答えは、すべてわれわれの進路への決断と行動力にかかっている。

フェイク、トゥルース、ファクト

2017年
2月23日

一国の大統領がこれほどまでに世界を揺さぶり、その一挙手一投足に振り回される事態が引き起こされたことなど過去にあったであろうか。トランプ米大統領のツイッターによるメッセージは、世界を翻弄《ほんろう》してきた。

大統領本人がCNNなどのニュース・メディアを"Fake"(フェイク=偽物)と呼んで断罪する一方で、支持者の数であるとか、就任式典に集まった人数などの数字が現実とは異なるものであったことに対し、大統領周辺はこれを"Alternative Facts"(もう一つの事実)と呼んで正当化していることが問題になり、非難合戦の様相を見せている。

さらに、こうしたフェイクが大統領選という一大事業で話題になりつつも、これまで大きな問題にならなかったのも、また異常であった。

こうした事態を見るにつけ、英国のオックスフォード辞書が2016年の言葉として選んだ"Post-Truth"(ポスト・トゥルース)という言葉が思い起こされる。客観的真実よりも感情的訴えかけのほうが世論形成の武器になるという意味だ。

さて、米国ではトランプ氏の大統領就任後、68年も前に書かれたジョージ・オーウェルの小説『1984年』が話題になり、爆発的な売れ行きを示している。現在を読み解く手がかりにもなるということであろうか。筆者も改めて読み直してみた。国家に都合の悪いデータは消去され、フェイクが完全な事実(Fact=ファクト)に置き換えられる。オーウェルは、こうした事態を冷戦時代のなかから未来を見据えて描いた。

こうしたフェイク合戦は、実に的確に現実社会をいい表しているように思える。『サピエンス全史』(280ページ参照)の著者ユヴァル・ノア・ハラリのいう現代人、ホモ・サピエンスの特色だからであろうか。言葉を使って想像上の現実、すなわち「虚構」を生み出す能力のおかげで、大勢の見知らぬ人同士が効果的に協力できるという空前の力を持ったのだと彼はいう。

しかも、それはいつでも変更可能なのだ。われわれの社会は、そのような「虚構」のうえに成り立っている。こうして近代国家の国民主義の神話を私たちは紡《つむ》ぎだした。その最上位にあるのが貨幣経済であるとハラリはいっているが、もはやグローバル経済は複雑に高速処理され、人間の限界を超えた虚構の極みであるという。

いまや、このグローバル経済がわれわれの社会活動のすべてを支配し、真実を装って迫りくる。それが世界の現実なのである。

建築界も、まさにこうした虚構のなかでうごめいている。さまざまな法律や手法のうえで建築の解を編みだしてはいるが、いい換えれば、それらのトゥルース(真実)もファクト(事実)もすべてがフェイク(偽物)であるともいえる。

であるからこそ、社会に応える関係者の思考や行動は、常に仮定と仮説という境界をさまよいつつ、ときにはトゥルースもファクトも確認しないままで、フェイクの世界のなかでこれ見よがしに振る舞いがちである。

もちろん、建築は言葉ではない。現実に立ち上がるものだが、その基礎はきわめて曖昧《あいまい》な虚構のうえに築かれていることを、この三つの言葉からも学ぶ必要があろう。

AIとペンタゴン

2017年
6月14日

中学生棋士・藤井聡太四段が将棋界で旋風を巻き起こしている。公式戦破竹の25連勝という偉業もさることながら、非公式戦ながら羽生善治三冠を撃破するなど、その内容も驚きである。将棋には日ごろ関心もなく見過ごしていた者も引きつけられる。人間の頭脳の柔軟さというか、可能性の大きさにも驚かされる。

しかし一方では、人工知能(AI)が囲碁や将棋の優れた棋士を次々に撃破するニュースも聞こえてくる。人間とAIによる戦いに、いまや興味と議論が渦巻いている。

先日、米国のジャーナリストであるアニー・ジェイコブセンの『ペンタゴンの頭脳(The Pentagon's Brain)』(太田出版)を手にした。そこには、AIのさまざまな研究調査をはじめとして、世界最強の軍事科学機関といわれる米国防総省(ペンタゴン)の直属機関である国防高等研究計画局、通称「DARPA」による最先端技術を用いた兵器開発の実態が克明に描かれている。

真のAIと呼ばれるものは、人間の能力以上に機能し、自ら問題を自律的に解決していく能力を持つとされるが、その能力が予期せぬ結果を招く可能性はこれまでの比ではないほど大きいといわれている。現在のAIの能力は自律性の獲得には遠く及ばないが、ペンタゴンの関係者は、自ずとその時代は見えてくる、そして軍事力に劇的変化をもたらすと言明している。

こうした問題にどう対処できるか。1961年、アイゼンハワー大統領は離任演説で、米国の軍産複合体に触れ、「私たちは巨大な規模の恒常的な軍事産業をつくりださざるを得なかった」と述べた。それ以来、米国の軍事産業は巨大化の一途をたどっている。

もはや、その勢いを止めることは不可能なのか。アイゼンハワーは同じ演説で、それを制御できる唯一の方法は人間自らの見識だともいっている。救いは、ＡＩと人間の間には人間の見識という深い溝があるということだろう。

しかしながら、現実にはペンタゴンはすでにハンターキラー・ロボット（自ら目標に向かい、目的を達成したら戻ってくるという自律的な殺人ロボット）の開発を進めているという。

では、私たちの運命はもはや支配されてしまったのであろうか。１９８３年のスマート兵器プログラムのモットーには「戦場は人間のいるべき場所ではない」という言葉が出てくるという。現在を予見したような言葉である。

本書では、最強の科学者たちによるＤＡＲＰＡの兵器の開発の現実が描かれている。兵器の開発こそが米国の核心であり、いまなお、活動を止めることのない米国の現実である。ＡＩによる革新的な自律型兵器システム開発にいそしむペンタゴンの科学者たちの存在もまた現実である。末尾に著者はこう結んでいる。「人工知能を持つハンターキラー・ロボットは、創造主である人間を打ち負かすことができる。そして、いつかきっと打ち負かすだろう。そのとき、わたしたちが身を守る術はない」

いまＡＩはどこに向かおうとしているのか。ＡＩは今後、将棋の世界で活躍したり、わたしたちの身の回りの利便性を高めたりするだけではない。ペンタゴンの現実もまた、わたしたちの行く末にあるのである。

経済システムと社会・建築

2017年
6月20日

経済至上主義がますます世界を席巻している。国をあげて株価の推移に一喜一憂する日本の動向はいかがなものか。足元が揺らぐ米国のトランプ政権に加え、欧州の政治情勢や英国のEU（欧州連合）離脱に向けた動きによる為替相場の波乱などに、日本経済も振り回されている。

グローバル社会・経済のなせる業で、いたしかたない現実と理解すべきなのか。日本はそうしたポジションに甘んじなければならないのか。経済主導の流れが世界を支配することになるのか。経済を「主語」とせず、社会の仕組みや文化を「主語」として語る社会の結果として、経済的意味が見えてくるという文脈で論議ができればと考えているのだが。

資本主義の原点は、モノの取引のなかで付加価値を生み出し、利潤を生み出すという構図であった。それによって資本主義経済は成り立ってきた。しかしながら、金融取引が市場を席巻している現在では、モノは単に媒体に成り下がり、金融取引で利潤を生み出すことが当たり前になってしまっている。すべての取引が机上の操作で成り立ち、世界経済が動かされているのである。多くの商品は金融取引の餌食《えじき》とはいわないまでも、そうした仕組みのなかで動かされていることはたしかだ。小さな商品から自動車などの大きなものまでが対象となる。

しかしながら、建築の場合はその意味は多少異なる。個別の材料などはともかく、大地に根差して不動の存在であるからであるが、金融取引の市場経済の仕組みのなかでは、建築すらも金融取引の餌食になり始めている。バブル絶頂期を思い出せば分かるように、建築がいとも簡単に商品取引の材料に成り下がった時期もあるのだ。

日本の場合は、とりわけ土地についても金融取引の材料となる。すべてが流動化して、土地はむろんのこと、そこに建つ建築も含めて資本として健全なストックとならないのである。すなわち蓄積する資産形成がなされないのである。

欧米の資産家たちは、利潤の蓄積を建築という文化に投資して「名誉と名声」を獲得してきた。都市の文化が花開くという状況は、こうした文化的思考が育んだ蓄積型社会によって生み出されてきたのである。

現在では、絵画までも金融取引の材料に成り下がってしまっている。そうなると、芸術家までもが暗黙のうちに金融取引に有利な作品をつくるという流れに誘い込まれるようになる。実力作家であろうとも、次第に作品の市場価値の波に飲み込まれていくことになる。

これは極端な事例だが、建築といえどもそうした危惧《きぐ》とは無縁な状況にないからである。建築界でも流行作家の活躍には目を見張るものがあるが、作家の手がけた痕跡があれば、建築の評価もあがるという際どい商品化現象が起こり始めている。

たしかに現実社会で市場経済の仕組みを否定することは、すべての社会的行為を否定するようなものであろう。建築生産もそうした流れのなかにあることはもちろんだが、経済が常に「主語」として扱われる状況を、いま一度立ち止まって再考する時代の到来を願うのは筆者ばかりでもあるまい。

人体の免疫システムと建築の防御

2017年
8月2日

テロ問題が都市や建築の世界に大きな課題を投げかけている。日本ではいまだその脅威に直接はさらされてはいないが、社会的犯罪や殺人事件などが日常化している昨今、テロの問題も現実としてとらえなくてはならないことはいうまでもない。

その流れを受けて、国会でも「特定秘密保護法」や「共謀罪」(テロ等準備罪)法案などの法制化がすでになされているが、その中身について依然として多くの不安や疑義の念が表明されている。それだけ、こうしたテロや犯罪対策には、その定義や枠組みそのものに対する考え方も含めた難しさがあるということであろう。

「開く」と「閉じる」——相反する今日的テーマ

過日、イスラエルの都市部でのテロ対策についての話を聞く機会があったが、その実効性の高い施策に驚かされた。ただし、爆発物による同時多発テロ、自爆テロなどの巧妙化にどう対処するかは、イスラエルという国ですら困惑しているという現実がある。

日本では2020年の東京オリンピック・パラリンピックを控え、訪日観光客による経済活性化に大きな期待が寄せられているが、そうした現実とのあまりの落差に唖然《あぜん》とする思いである。

ところで、いま都市や建築の分野では、より外に対して開かれて広く社会に開放することを重視する傾向にある。元来、都市や都市は「守ること」が主要な課題であった。しかし、現代社会では社会に向けて「開かれること」が主要なテーマになってきた。つまり、市民に開かれた都市や建築のあり方を示すことがいかに大切かが議論されてきたのである。いまなおその議論は大きな今日的テーマとなっている。

一方、そうした開かれた都市や建築という考え方とは相容れないテーマも、いままさに今日的になってきている。すなわち冒頭に述べたような外部からの犯罪やテロなどの襲撃に対して、いかに防御の形を生み出せるかということである。

その都市や建築にまつわる、いわば相反する二つの今日的テーマに、同時にしかも破綻《はたん》なく応えることがきわめて困難であることは、改めて強調する必要もないだろう。単にハード的な側面だけでとらえることが不可能であることも明白である。「開く(受け入れる)こと、閉じる(守る)こと」を同時に解決しなければならないからである。

人体の複雑な機能や生態システムに学べ

こうした問題に対して、人体における免疫システムの働き方が参考になるのではないか。説明するまでもないが、免疫とは体内に侵入した細菌やウイルスなどの病原体、毒素などの異物を攻撃し、排除してくれる生体機能である。

免疫には大別して自然免疫と獲得免疫があるが、よく知られている「ナチュラル・キラー細胞」は自然免疫の典型だ。がん細胞や外部から侵入したウイルスに感染した細胞などの被害を防ぐ元気印の免疫機能である。いわゆる異物全般に対して即効性はあるものの、その効果は一時的なものにとどまる場合が多い。

一方の獲得免疫とは、身体が特徴を記憶した特定の病原体を選択して排除する免疫機能で、集中的な攻撃が可能である。

この免疫機能が異常に働き過ぎると、アレルギー反応が起きたり、人体にマイナスの現象が引き起こされるが、大阪大学免疫学フロンティア研究センター特任教授の坂口志文博士が発見した「制御性T細胞」は、そうした過剰な免疫の働きを抑制的にコントロールしていることが分かってきたという。

こうした免疫の働きは、われわれの社会や都市・建築の世界を考えるのに大きなヒントを与えてくれる。

人体は一つの個体として閉じた存在ではあるが、同時に外に開かれた存在でもある。人間は外部からのエネルギーを身体の内部に取り込むことで活動するが、その活動は身体の外部に向けられ、地球規模でのコミュニケーションにまで至っている。

人体と都市・建築をアナロジカルに比較してみると、免疫システムをはじめ人体の複雑さから学ぶべき点はきわめて大きい。こうした生体システムは、われわれの社会の動きに強く働きかけることになるだろう。

人知を超えた役割を生かす「見識」

そこで筆者が期待することは、ＡＩによる免疫システムの応用である。「開く（受け入れる）こと、閉じる（守る）こと」の相反する課題を解決するには、ＡＩによる支援を強化するしかない。ハードな形ではなく、システムとしてのＡＩへの応用を展開させることである。

もちろん、ＡＩの応用自体は現在では珍しいことではない。例えば、米国防総省の国防高等研究計画局（ＤＡＲＰＡ）で進められているという、自ら敵を見つけ出して攻撃する自律的なＡＩ兵器、ハンターキラー・ロボットの開発などがその典型といえる（２８４ページ参照）。

さらに高度なセンサーが、爆発物などの危険物だけではなく、人間の挙動などから高度な判断を下すというような、人間の知恵を超えた役割を期待することになるのではないだろうか。そのようなＡＩによる、いわば閉じた防御に対し、一方で開かれているべき都市や建築のあり方をどのようにバランスさせるかは、それこそ「人間の見識」に期待するほかないということであろう。むろん、都市や建築の未来像を安易に語るべきではないが、ハードな都市や建築のなかには、人間の目には見えてこない分野がある以上、人知を超える可能性を期待されているＡＩにその役割を担ってもらうことが大切だということになる。人間が都市や建築を含めた社会の現実のすべての課題(問題)を解決することなどできるわけがないからである。

しかしながら、人間とＡＩがどうかかわっていくべきなのか、その線引きという「見識」は、人間そのものに課せられた課題であることを忘れるわけにはいかない。

時代は建築界にとっても、まさに新たな局面を迎えつつある。

建築を取り巻く世界は、世界のあらゆる状況と不可分に連動している。

私はそれを薔薇《ばら》の花のようなものという比喩《ひゆ》で考えている。美しい薔薇の存在は、薔薇を支えている棘《とげ》のある茎《くき》と一つになって成り立っているからである。棘がなければ、その花は薔薇ではないのだ。

薔薇の美しさは花弁の豊かさと香りにある。その多彩な魅力と美は世界の歴史が物語っている。そして、花弁が織りなす魅力は鋭い棘の存在によって、いっそう際立つものになっている。「美しい薔薇には棘がある」とはいい得て妙だと思う。

しかしながら、その棘は他者に向けられた刃ではない。例えば、つるバラの茎は互いに強く結びあうこともできれば、他者とのきずなを強くし、ときには絡みあうことによって、互いが上に向かって伸びることができる存在となる。

とりわけ、何よりも棘こそが薔薇を象徴づけているとはいえないだろうか。そこに私は静かな怒りや穏やかながらも決して譲らない主張を見いだすのだ。

繰り返すが、建築とは社会のさまざまな状況や変化に同調しているものであることを本文でも幾度となく触れてきた。その複雑さや多様さのなかで表現することの意味が常に問われていることを意識しなくてはならない。

美しく快適な空間ばかりに関心が集まる傾向があるが、それは一面では正しくもある。しかし、それは一面では正しいことではない。建築こそ社会とともに生き、ともに育っていく存在だからである。社会のなかには不愉快さや暗さ、さまざまな歪《ひず》みもある。きれいごとだけが現実ではないのだ。

ならば、建築が世の中の現実に目をそむけ、美しい花の世界にのみ関心を注いで表現したならばどうなるだろうか。それはもはや建築と呼べる存在ではないと思う。

さまざまな社会の矛盾や葛藤《かっとう》を抱えて、戦い抜いた末の姿が建築として立ち現われるのではないのか。棘のあるつるバラのように、他者とともに支えあい、自らも絡みあう姿勢は建築にとって示唆的である。

最後に、この書籍のタイトルについて触れてみたい。「棘のない薔薇」があるとすれば、それは社会という他者とは無縁の根なし草の徒花《あだばな》のような存在となるだろう。美しい薔薇には棘があるとすでに述べたが、棘は怒りを表すものである。「棘のない薔薇」のような美しい花の部分だけの建築は、社会と向きあったものにはならない。あえていえば、それはもはや建築と呼べるものではない。

私は、本書のなかで建築を取り巻くさまざまな現実において生起している矛盾や不合理に対し、怒りを媒介として自らの建築的思考や姿勢に問いかけてきた。建築を志すこととは、現実の多くの葛藤や矛盾を抱えながら、それを乗り越え、未来へ向けたリアリティを持つことである。

「棘のない薔薇」というのは、私自身への自戒のメッセージでもある。飽くなき挑戦を続けるしかない。

細田 雅春

（ほそだ・まさはる）

株式会社佐藤総合計画代表取締役社長

1941年東京生まれ

日本大学理工学部建築学科卒業

公益社団法人日本建築家協会会員

元一般社団法人日本建築学会副会長

❖著書

『建築へ』（INAX出版）、『建築へ02』、『建築へ03　バリュー流動化社会』、『文脈を探る　どこへ行く現代社会』、『界面をとく　現代建築のゆくえ』、『生む　Re-Birth』（以上、日刊建設通信新聞社）

❖代表作品

秋川キララホール（1989年竣工、BCS賞）

東京ビッグサイト（1995年竣工、BCS賞）

広州市国際会議展覧中心（2002年竣工、詹天佑土木工程大奨、全中国十大建設科技成就）

神奈川県立近代美術館　葉山（2003年竣工、公共建築賞）

棘《とげ》のない薔薇《ばら》

辺境から建築を問う

2017年10月16日　第1刷発行

著者……………細田 雅春

発行者…………和田 恵

発行所…………株式会社日刊建設通信新聞社

〒101-0054
東京都千代田区神田錦町3－13－7
電話＝03-3259-8719
FAX＝03-3233-1968
http://www.kensetsunews.com/

ブックデザイン……鈴木 一誌＋下田 麻亜也

印刷・製本……株式会社シナノパブリッシングプレス

ISBN978-4-902611-74-8